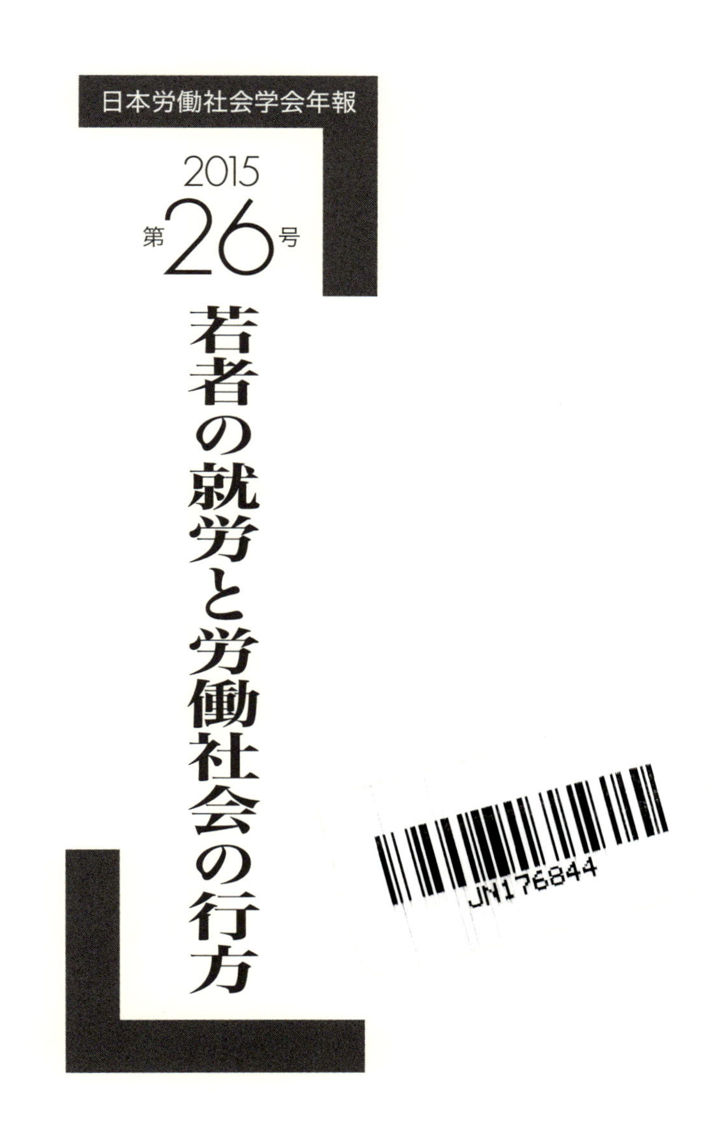

日本労働社会学会

The Japanese Association of Labor Sociology

2015 ―――― 目　次 ―――― 日本労働社会学会年報26

特集　若者の就労と労働社会の行方 ―――― 1

1　近年の若年労働問題の発生要因の考察 …………………今野　晴貴… 3
――「若者の『使い捨て』が疑われる企業」の事例を中心に――

2　非正規雇用化の進展と労働社会のゆくえ ………………伊藤　大一… 28

3　労使関係システムの再編成と新しい労働組織 …………山崎　　憲… 52
――アメリカの経験から――

4　若者就業問題の多様性と社会的包摂にむけた
政策の課題 ……………………………………………阿部　　誠… 71

研究ノート ―――― 99

1　「限界集落」における労働力の状態 ……………………鎌田とし子・鎌田　哲宏… 101

書　評 ―――― 123

1　法政大学大原社会問題研究所・鈴木玲編『新自由主義と
労働（法政大学大原社会問題研究所叢書）』 ……………今井　　順… 125

2　赤堀正成著『戦後民主主義と労働運動』 ………………鈴木　　玲… 131

3　熊沢誠著『私の労働研究』 ………………………………呉　　学殊… 136

4　石田光規著『産業・労働社会における人間関係
――パーソナルネットワーク・アプローチによる分析――』 ……石川　公彦… 140

5　遠藤公嗣著『これからの賃金』 …………………………鈴木　　誠… 145

6　今野晴貴著『生活保護――知られざる恐怖の現場――』 ………平川　　茂… 150

7 今野晴貴著『ブラック企業ビジネス』……………………阿部　真大… 155

8 早川征一郎・松尾孝一著『国・地方自治体の非正規
職員』 ……………………………………………………戸室　健作… 160

9 筒井美紀・櫻井純理・本田由紀編著『就労支援を問い直す
——自治体と地域の取り組み——』………………………石田　光規… 165

10 中村真由美編著『弁護士のワークライフバランス
——ジェンダー差から見たキャリア形成と家事・育児分担——』…廣森　直子… 170

11 水野博達著『介護保険と階層化・格差化する高齢者
——人は生きてきたようにしか死ねないのか——』 ……………笹谷　春美… 176

12 松本武祝編著『東北地方の「開発」の系譜
——近代の産業振興政策から東日本大震災まで——』 …………扇　　健夫… 182

13 河西宏祐著『全契約社員の正社員化を実現した労働
組合』 ……………………………………………………野瀬　正治… 188

14 猿田正機編著・杉山直・浅野和也・宋艶苓・櫻井善行著
『逆流する日本資本主義とトヨタ』 …………………岡村　徹也… 193

日本労働社会学会会則（199）　**編集委員会規程**（202）　**編集規程**（203）
年報投稿規程（203）　**幹事名簿**（206）　**編集後記**（207）

ANNUAL REVIEW OF LABOR SOCIOLOGY

2015, No.26

Contents

Special Issue: Youth Labor Problems in The Japanese Modern Labor Society

1. An Analysis on the Cause of Youth Labor Problems in Recent Years: Focusing on the Cases on "Companies Suspected of Exploiting Young Workers" Haruki KONNO
2. Problems of Increasing Low-Wage Workers in The Japanese Modern Labor Society Taichi ITO
3. The Reconstituion of the U.S. Industrial Relations System and New Labor Organizations, from the U.S. Experiences Ken YAMAZAKI
4. Diversification among Young People and Social Policy Makoto ABE

Research Note

1. Labour Force Condition in Marginal Hamlet Toshiko KAMADA, Tetsuhiro KAMADA

Book Reviews

1. Ohara Institute for Soccial Research, Akira SUZUKI (eds.) *Neoliberalism and Labor* Jun IMAI
2. Masashige AKAHORI, *Post-War Democracy and the Labor Movement in Japan* Akira SUZUKI
3. Makoto KUMAZAWA, *LABOUR STUDIES, MY CASE* Haksoo OH
4. Mitsunori ISHIDA, *Human Relations in the Society of Industry and Work Analyses by Personal Network Approach* Kimihiko ISHIKAWA
5. Koshi ENDO, *Pay System in the Age to Come* Makoto SUZUKI
6. Haruki KONNO, *Public Assistance: Terrifying Unrevealed Reality at the Scene* Shigeru HIRAKAWA
7. Haruki KONNO, *Profiting from Japanese Sweatshops* Masahiro ABE

8. Seiichiro HAYAKAWA, Kouichi MATSUO, *Non-Permanent Employees in the Central and Local Government in Japan* Kensaku TOMURO
9. Miki TSUTSUI, Yuki HONDA, Junri SAKURAI (eds.), *Reexamination of Local Employment Services and Activation Policies: Case Studies of Two Advanced Municipalities* Mitsunori ISHIDA
10. Mayumi NAKAMURA(ed.), *The Work-Life Balance of Lawyers: Gender Differences in Careers, Housework and Childcare* Naoko HIROMORI
11. Hiromichi MIZUNO, *Long Term Care Insurance Dealing with Advancing Stratified and Inequality among Elderly People: Why the Ending of One's Life is Determined by Circumstances of One's Life ?* Harumi SASATANI
12. Takenori MATSUMOTO (ed.), *The Genealogy of Developments in the Tohoku Region of Japan in Modern Era* Takeo OHGI
13. Hirosuke KAWANISHI, *A Labor Union That Actually Managed to Convert All of Its Contract Workers to Regular Employees* Masaharu NOSE
14. Masaki SARUTA (ed.), Naoshi SUGIYAMA, Kazuya ASANO, Enrei SOU, Yoshiyuki SAKURAI, *Flow backing of Japanese Capitalism and TOYOTA* Tetsuya OKAMURA

The Japanese Association of Labor Sociology

特集　若者の就労と労働社会の行方

1　近年の若年労働問題の発生要因の考察　今野　晴貴
――「若者の『使い捨て』が疑われる企業」の事例を中心に――

2　非正規雇用化の進展と労働社会のゆくえ　伊藤　大一

3　労使関係システムの再編成と新しい労働組織　山崎　憲
――アメリカの経験から――

4　若者就業問題の多様性と社会的包摂にむけた政策の課題　阿部　誠

日本労働社会学会年報第26号〔2015年〕

近年の若年労働問題の発生要因の考察

——「若者の『使い捨て』が疑われる企業」の事例を中心に——

今野　晴貴
（一橋大学大学院生）

1．問題提起及び先行研究

（1）問題の所在

90年代以降の若年労働問題の中心をなしてきたのは非正規雇用労働の増加であり、彼らの「正社員化」が中心的な政策課題とされた。ところが、2000年代の後半以後、若年正社員においても高い離職率や精神疾患、過労死・過労自殺事件の増加など、新たに労働問題が見られるようになってきた。

こうした中、若年正社員の労働問題についての代表的な問題提起は「ブラック企業」との言葉を用いて行われた。「ブラック企業」は、IT労働者がインターネット上のスラングとして用いた用語であり、2011年頃から就職活動を行う学生の間で劇的な広がりを見せ、社会に定着するようになった。そして2012年10月に「ブラック企業」現象を「企業の労務管理の変化」として分析した今野（2012a）が刊行されることで、インターネット上のスラングとして扱われていた若年正社員の労働問題が、社会問題として認識されるようになった[(1)]。

若年正社員問題としての「ブラック企業問題」の要点は、今野（2012a,2015b）に詳述されているが、主として①「過重労働」、②「大量採用・大量離職」、③「労働集約型の産業での広がり」、④「離職を想定した労務管理」の四点に特徴付けられる。この問題の性質を簡潔に表現すれば、以下の通りである。すなわち、「ブラック企業」においては、正社員として採用されながら心身を毀損するような働き方を求められ、その結果早期に離職をせざるを得ない。こうした労務管理は時として労働災害をも引き起こすのであり、なおかつ離職を想定し意図的に行われている。

厚生労働省もこうした企業の問題に対し、2013年8月8日以降「若者の『使い捨て』が疑われる企業」との用語で、労働基準監督署等による各種の取り組みを行っている。2013年の厚生労働省の取り組みは主として離職率の高い企業を対象として過重労働、賃金不払い残業などを集中的に取り締まるというものであった。[(2)]また、2014年3月20日には「ハローワークでの求人票と実際の労働条件が異なる場合の対策を強化」することが発表された他、2015年3月には、勤労青少年福祉法及び職業安定法の一部を改正し、労働条件の的確な表示や企業情報の公開、ハローワークにおける法令違反企業の求人の不受理等を定める法案が閣議決定されている。さらに、厚生労働省は同5月、300人以上の複数の都道府県で事業を展開する企業を対象に、「残業代不払いなど労基法違反があり、1カ月当たりの残業、休日労働が100時間を超える」企業の企業名を公表すると発表した。このように、「ブラック企業問題」は、行政によっても、若年正社員の過重労働の問題として、またこれと連関して企業の不適切な採用活動の問題として認識されてきた。

以上のように、若年正社員の労働問題は、今日重要な問題として社会に提示されており、その発生のメカニズムの究明が求められている。

(2) 先行研究及び本稿の課題

若年正社員の労働問題の存在への認識が進む中で、いくつかの研究により実態の解明が試みられてきた。特に重要なものは二点あり、それらは共に、計量的に「ブラック企業」、「若者の『使い捨て』が疑われる企業」の実像に迫っている。

第一に小林・梅崎・佐藤・田澤（2014）である。同研究は、従来の若年早期離職に対する研究が「学生の志向性などの個人要因や卒業時の不況など景気要因の検証が主であった」のに対し、近年は「ブラック企業」など企業側の要因が着目されるようになったことを受けて、独自のアンケート調査[(3)]を行った。これを計量分析することで「個人属性も考慮した上で、産業・規模と早期離職の関係」について検討し、産業や企業規模別による早期離職や早期離転職者の受け入れ状況の違いの発生要因について考察している。

その結果、「産業では『商社・卸売』、『マスコミ・広告・コンサルティング』、

『サービス』ほど離職率が高いこと……また企業規模ダミーを加えた分析においては『百貨店・小売店・飲食店』も有意に離職率が高い」ことがわかった。同時に、産業や企業規模で雇用システムが異なり、それが若年者の早期離職やその後の転職先に影響している。同研究によれば、雇用システムのタイプは、離職率も転職受け入れ率も低い「伝統的な日本型雇用システム」、離職率も転職受け入れ率も高い「門戸開放・使い切り型」、離職率は高いにもかかわらず、転職受け入れが少ない「ふるい落とし選抜型」の三つがある。

産業との関連では、「ふるい落とし選抜型」が見られるのは「マスコミ・広告・コンサルティング業」のみであり、「門戸開放・使い切り型」はサービス産業に顕著であった。同時に、「ふるい落とし選抜型」の広がりが限定的である一方、「門戸開放・使い切り型」のタイプは大卒者の就職先の産業・職業として増加傾向にあるサービス業や卸・小売・飲食店等にも広がっている。このため、後者のタイプがより重要であるとの推察がなされている。

同研究が「ブラック企業問題」の背景を計量的に分析し、「選別」以上に「使い切り」、すなわち労働の過酷さや労働の単純化、労働市場での交換可能性といった特徴の重要性を指摘した点は特に重要である。「ブラック企業問題」の本質が、後述する労働過程のあり方に起因していることを示唆しているからだ。[(4)]

このように、同研究からは若年早期離職のタイプが産業ごとに異なり、特にサービス業に顕著であり、その様態は大量に採用し、大量に離職を繰り返すものであることが把握された。

近年の若年正社員における労働問題を研究した第二の先行研究に、労働政策研究・研修機構（2015）がある。同研究は独自に、「早期離職につながりかねない雇用管理の実態、若年雇用者の意識、離職傾向など」について、若年正社員を対象にインターネット調査を行った。[(5)]

その結果、入社後3年以内に半分以上が離職する職場はおよそ2割であり、企業規模によってもわずかな差しか生じなかった。この大量の離職が生じる職場について、同研究は産業や採用過程、仕事内容、目標管理など各項目との関連を調べている。

まず、「入社から約3年で半分以上が離職」する事業所の正社員の状況は、

「大量離職と大量採用が繰り返されている」(62.8%)、「苛烈に働かされ、使い捨てにされる」(56.2%)、「入社3年未満で管理職に抜擢される人がいる」(48.0%)で高くなっていた。産業大分類別の分類では「宿泊業、飲食サービス業」(43.7%)、「生活関連サービス業、娯楽業」(40.9%)で「入社後3年以内に半分以上が離職」する事業所の割合が高く、やはりサービス産業に多い傾向となっている。

また、求人情報よりも実際の労働条件が悪かった場合に顕著に離職率が高いこと、離職率が高いほど最初の役職任用時が入社後「3年未満」である割合が高まること、大量離職・大量離職のある職場ほど社員は「達成すべきノルマ・目標が高いと感じている」こと、離職割合が高いほど残業時間の平均値が高いこと等が示されている。特に、労働条件の虚偽表示や早期の役職者への登用傾向が計量的に把握されている事実は、後に見る事例との関係で重要である。

さらに、技能水準(「もし、今のあなたの仕事を新人がおぼえるとすると、ひととおり仕事をこなせるようになるために、どのくらいの期間がかかると思いますか」)についての回答と離職率の関係については、離職割合が高くなるほど、「半年以内」の割合が高くなる一方で、「1年から5年未満」「5年以上」の割合がおおむね低くなっており、技能を要しない職務に従事する労働者ほど、「使い捨て」が行われやすくなることが示唆されている。

以上の先行研究により、若年正社員の労働問題は計量的にも一定の把握を見ることになった。すなわち、冒頭で述べた「ブラック企業」の特徴である、①「過重労働」、②「大量採用・大量離職」、③「労働集約型の産業」(主にサービス業や小売業)での広がり、④「離職を想定した労務管理」の特徴を持つ雇用が、一定の割合をもって若年正社員の世界に存在することが明らかになった。

だが、これらの研究はインターネット調査を用いたものであり、具体的な労働過程やこれと労務管理の連関、さらには労働者側の主体的な職場への参入・統合過程を明らかにするものではない。

そこで本稿では、若者の相談に応じているNPO法人「POSSE」に寄せられた労働相談の事例及び、これとは別に入手した裁判係争の資料を基に詳細な事例の検討を行い、労働者が離職に至る具体的な労働過程の特徴及びこれへの労働者の適応過程、労働市場を通じた参入過程を明らかにする。また、これを基に、「ブラック企業」ないし「若者の『使い捨て』が疑われる企業」における雇用の特質について若干の考察を加え、問題解決の方向性を探ることとする。

2．労働過程

本節では、小売業及びサービス業において、「ブラック企業」の特徴として示した労働集約型の労働過程が典型的に示されている事例を示し、その特徴について検討する。なお労務管理の様態及び労働者の意識についても本節に記述する。

(1) 事　例

1) A社：小売業（大規模ディスカウント店）

聞き取りの対象者aは、大手小売業（大規模ディスカウント店)A社に大学新規学卒の2008年に入社し、7年間就業した末、長時間労働による精神疾患を発症し退職した。

A社では、社員は入社と同時に所属店舗及び所属する販売部門が割り当てられ、その後の職務はこの販売部門内部で拡大する。すなわち、ある特定の店舗に配属されると同時に店舗内の販売部門（食料品の内、飲料の部門等々）が特定され、この販売部門は店舗の変更があっても変わることがない。したがって、社員は特定の販売部門に従事し、この部門内部で仕事の幅を広げていく。

同社には最下位の「スタッフ」から「プロデューサー」まで10の職位があり[(6)]、下位3職位は店舗の所属販売部門の業務を専ら行う。これらを同社では「一般職」としてこれより上の「管理職」と区別していた。もっとも、aの証言によれば、これら「一般職」が店舗ではおおむね社員の7〜8割を占めていたといい、同社の社員における主たる労働内容が担当売り場に限定されたものであったことが理解できる。なお、「管理職」相当の職位に達した後には個別店舗を超えて販売部門ごとの責任者（買い付けなど）の職責を拡大させる者と、店舗の店長へと職責を拡大させてゆく者とでキャリアが二分されていく。とはいえ、分化の時点ですでに社内の正社員層としては「少数」に属することになるのであり、大半は何らかの個別店舗の販売部門に残り続けていることになる。

入社直後の職務（最下位の職位）においては店舗の「雑務」に加え、販売部門の品出し、商品陳列、販売部門内のより小さい範囲の商品の担当を任される。部分的には「発注」の業務を任せられることもある。彼らの「基礎給」は月給15万円であり、これに「固定残業代」が加わり、月給が23万円となる。次に、下位二番目の職位も、仕事の内容はあまり変わらない。次に見る下位三番目の職位と最下位職位との中間的な位置で、「モチベーションをあげるために引き上げたり、上から降格するのに使った」と認識されていた。月給は最下位よりも5,000円上がる。

さらに職位が上がり、「一般職」の最上位職位（下から3番目の職位）の者は売り場の責任者となる。彼らは販売部門の責任者となり、販売などの店舗営業よりも商品の管理を中心とした仕事に移る。接客業務は減り、外部の業者と商品の商談を行い、販売部門内の売り場の配置決定を担い、同部門内の棚卸のロス率に責任を負う。売り上げ額にも責任を負うこととなり、陳列する商品の取捨選択も自分で判断する。

彼らの売り上げ目標は、前々年比、前年比の予算に％をかけて設定される。したがって、常に売り上げを増やし続けなければプラスの評価にはならない。当然ながらこの方式を採る限り、昔からある店舗ほど目標が厳しくなる。このような評価方法に「理不尽さ」をaは感じたというが、実際に売り上げ目標に達しない社員が降格されることもあったという。

次に、aの具体的な入社後の経過を見ていこう。

aは地方中枢都市にある私立大学の3年時の後半から就職活動をはじめ、同社に応募した。すると、早くも4年生の3月に内定を得ることができた。初任給が月給23万円と他社にくらべて高額だったことが入社の動機だった。求人には「残業代は出る」とも書かれていた。

入社後すぐに特定の販売部門に配置され、深夜勤務の遅番に回された。しかし、採用前の説明とは異なり、17時から2時が定時のはずが、16時から翌朝5時までの勤務となった。法定休憩をとることができず、食事の時間も15分程度であった。また、給与についても基礎給が15万円であり、みなし残業代（後ほど詳述する「固定残業代」に相当する）として残業時間40時間分に相当する8万円が含まれていることも入社後に知らされた。40時間を超える残業については、申請することが許されず、無給で働いた。

入社4年目の2011年6月、aは「管理職」（下位4番目の職位）に抜擢された。昇進の際には労働条件についての説明はなく、「(給与は）上げるから」とだけ告げられたが、後に「管理監督者」扱いになることがわかった。就任後の月給は32万円であったが、これは当時のaの月給と同額だった。

「管理監督者」の扱いとなった後、長い日には16時から朝6時まで、連続で14時間勤務に従事した。まったく睡眠をとることなく、翌日のシフトに入ることもしばしばあった。また、aは「夜の担当」になることも命じられたため、休日であっても「夜」の責任者として店舗のトラブル対応を一手に負わされることになった。

A社ではアルバイトや正社員は常に人数が絞り込まれていたが、特にaの店舗の人員不足は深刻で、とりわけ深夜の人員が足りなかった。昼間は30人が勤務する店舗でも、深夜には10人足らずで営業することもあった。一方で、前述したように「管理職」には必ず前年を上回る販売実績が求められ、これを達成できない場合には賞与の極端な減給や降格処分が行われていた。休日にも頻繁に店舗から呼び出しが行われることに加え、業績を達成するためにも売場の様子、商品の管理に目を離すことができなかった。

このような長時間労働とノルマ、慢性的な人手不足に適応していく中で、aは次第に「思考停止状態」に陥っていったという。これはaが辞めずに7年間働き続けた理由とも関連する。「新卒採用だったので、『それが当たり前』だと思った」のだという。また、長時間労働で、「考える時間なんてなかった」とも振り返った。

加えて長時間勤務により店舗に「張り付き」になることで、友人との交友が減少することも「辞められない」理由だった。プライベートな時間や社外の交友関係がなくなり、社外の友人とは年に1度しか会うことがなかった。同僚とばかり交友するために、異常さに気づけないというのである。労働条件について「おかしい」と思った場合にも、周囲に口にするとすぐに社内で話が広まり、降格や、より厳しい店舗への転勤など、「何をされるかわからない」という事情もあったという。なお、彼の住まいは会社が不動産会社と提携して用意した店舗前の賃貸アパートであった。

Aは、過酷な長時間労働と業績目標の一方で、社内での「扱い」に理不尽さを感じていた。上司から胸倉をつかまれたり、怒鳴られることもしばしばであった。残業をせざるを得ない業務状況で「何で残業なんてしているんだ」と怒鳴られることもあった。入社一年目でインフルエンザに罹った時は、1日も休みがもらえなかった。その上、「何罹ってんだよ」などの暴言を浴びせられた。

次第に、「人間性が荒んでいくのがわかった」とaはいう。同じように自分も後輩を圧迫するようになり、商品を搬入する取引先の社員に暴言を吐いたこともあった。辞めた後に、当時の自分を強く恥じたといい、「とにかく狂っちゃうんですよ」との感想を述べている。

だが、「狂う」ことによって一時的に適応したとしても、長期的に順応できるわけではない。aの同僚には摂食障害になった者がおり、「味覚がない」という話を聞いた。体を悪くして辞めた者、鬱で辞めた者を10人以上見てきた。
その後、aも「泡を吹いて」倒れ、救急車で搬送されてしまった。1週間の入院中に、「このまま働き続けることはできない」とようやく判断することができた。だが、退職後の現在も後遺症の精神疾患に悩まされ続けている。

aの事例は、「ブラック企業」の労務管理が、「虐待」ともいえる過酷な労働環境の中で、社員を思考停止状態に陥れていること、当該労働過程への適応は時に「人間性の変質」をも伴っていることを示している。

2) B社：大手外食チェーン店（喫茶店）

次に見るB社の事例は、労働集約型の労働過程への適応が過労自殺に至ったケースであり、以下の記述は、遺族が労働災害認定を求めて争った裁判の記録を基にしたものである（なお、2014年9月、東京地裁は当該事件における遺族側の主張を認め、労働災害ではないとした国の処分を取り消す判断をしている）。

2006年12月、東京都のショッピングセンター内の喫茶店で「店舗責任者」だったb（25歳・女性）が、自宅マンションから飛び降り自殺をして亡くなった。同店を経営していた企業は、さまざまな外食チェーン店を全国に120店舗以上展開するB社である。

bは2005年5月にB社が経営する喫茶店チェーンの店舗にアルバイトとして採用された。同年11月にはパート社員となり、2006年6月末にB社と1年間の有期雇用契約を締結した。さらにbは7月1日からB社の新宿の店舗にて正社員としての研修を受け、2006年8月末には正社員として雇用契約を結んだ。同時に、正社員契約の翌日から「アシスタントマネージャー」として「店舗責任者」を任されることとなった。アルバイト契約からわずか1年あまりでの抜擢である。

B社では「トレーニー」、「トレーニーマネージャー」、「アシスタントマネージャー」、「マネージャー」、「シニアマネージャー」、「店長」、「エリア担当」、「エリア店長」、「スーパーバイザー」という9の職位があった。同店舗でbが「アシスタントマネージャー」になる以前、店舗責任者の担当をしていた社員の職位は「マネージャー」であり、もともと店長の職位にあたる正社員はいなかった。人員不足が恒常化しているために、正社員に登用されると同時にbがそのまま店長の代わりを務めることになった事情がうかがえる。

bの労働内容は、店舗の接客業務、空き時間や営業時間終了後に行うアルバイトの管理（シフト管理、募集、採用、教育）、売上管理（売上金の管理、保管を含む）、クレーム処理、その他雑用等の店舗営業全般に及んだ。また、売上金の内訳や、従業員の労働時間については、自らパソコンに入力して本社に送信する必要もあった。しかし、前述の新宿での正社員研修は、店舗責任者業務を前提としたものではなく、これらの職務の多くはまったく未経験であった。

さらに、「自主的な取り組み」として、営業時間終了後にほぼ毎日、上司に携帯電話のメールで売上目標、実際の売上げ、目標、就労時間、来客数、客単価等を報告し、その日の反省点等を送信していた。

こうした中、同店舗の恒常化した人手不足は過労自殺の直接の原因を作り出した。同店舗はキッチンに1人、接客に3名程度を配置しての営業が原理的には可能であったが、通常は一日6名程度の従業員の確保が必要とされていた。また、キッチンの調理業務には経験が必要であり、採用してすぐのアルバイトを従事させるわけにはいかなかった。bが店舗責任者になった時点で13名いた従業員の内、正社員はおらず、11名は学生だった。経験の豊富なアルバイトも大学4年生で卒業を控えていたため、昼の時間帯の接客人数が不足していた。

このように同店舗は慢性的な人員不足の状況にあり、他店舗に一時的な人員補充（ヘルプ）を要請することも頻繁にあった。しかし、bがシフトに入れる人数の少なさを上司にメールで相談した際に、上司から「シフトが少ないとか多いとかの報告は恥ずかしいからしなくていいよ」「人が少ないのは……責任者だったら何とかするのが仕事だよ。採用するのも一つだけど一人少ない人数でもできる仕組みにするとかね」との返信を受けていた。上司からは人員調整の問題を解決するための具体的な指示を得ることはできず、根本的な解決策となるはずの、同店舗に正社員の配置を増やすという対応が採られることもなかった。

さらにB社は、11月、同店舗で「レジ締め」と「キッチン締め」という重要な業務を任せることができるベテランのアルバイトを社員として引き抜き、同店舗から異動させた。直前までbはこれを知らされておらず、激しく動揺し号泣、抗議していたという。

一方で、記録からはこうした人員調整の不備は「b自身の問題」として扱われ、当人がこれを「内面化」していたことがうかがえる。亡くなる前日に、学生アルバイト2人が、1月いっぱいで辞めたいと申し出た際に、bは上司に次のようなメールを送っている。

もう無理です！……今在籍15人です。内超新人が3人です。年内に辞めるって宣言しているのは3人、1月で辞めるって言っているのは3人だったんですけど、今日2人増えました。今まで一緒に働いていた人が辞めちゃうのが不安だとか、いろいろ理由はあるそうです。みんなを不幸にしちゃって、もう悲しいです。誰も店に残りません。新年キッチンメイトも誰もいないです。

これに対する上司の答えはbの「コミュニケーションの不足」を指摘し、更なる努力を促すものだった。また、同時期にbは別の上司にアルバイトの退職について電話で相談をしていたが、その際にも「自分が悪い」と取り乱していた。翌日に残された遺書からも、あくまでもbがB社の労働過程に「適用」しようとしていたことが見て取れる。

みんなのこと大好きでした。絶対にHAPPYな職場にしたいと思ってました。不幸にしてごめんなさい。きっと、私がいなくなったら、もっとHAPPYに働けると思う。本当にごめん。シフトも協力してね。みんな大好きでした！ もう一度chanceあったら、メイトとして、もう一度働きたいです。店も好きです。みんなすごく協力してくれました。お母さん好きです。お母さんみたいになりたい。お母さん。お母さん。私みんなを不幸にしました。

3）C社：衣料品販売大手

第三の事例は、衣料品販売大手のC社である。同社の離職率は際立って高く、2009年に入社した新規学卒者の3年以内離職率は5割を超え、同2010年入社に関しても5割近い水準に達している。

同社では、入社後6か月間の研修期間終了後に店長資格試験に合格することが求められる。また、入社後2年間に4回の店長資格試験を受けることができ、いずれも不合格の場合には降格処分となる（2012年当時）。

店長になるとその中にも5前後のランクがあり、職位を上がっていくと海外勤務や本社移転などの希望が通る。だが、多数の労働者は半年から2年間で育成された後、国内の店舗に店長ないし店長代理等の「店長職」として勤務することになる。

「店長資格」を得るまでに労働者の置かれる労働環境は店舗によっても異なるが、私が2012年に聞き取りを行った3人の労働者の証言によれば次のようなものである。まず、午前7時ないし7時半に出勤し、早い者で19時まで、長い者では23時過ぎまでの勤務に従事した[(7)]。また、研修期間中には「無理だろう」と思うほどのマニュアルの暗記が求められたという。その一方で、「店長を目指し続けないと、会社に残ることすらできない」と感じていたという。実際に半年で店長になれるのは全体の4分の1から3分の1くらいであった。

4回落ちると降格なんですが、（試験に落ちても）やること自体は一緒で、また店長を目指します。店長を目指さないならいらないという雰囲気があります。

(4回落ちて）降格されて辞める人は多いですね。

そして、店舗での業務においては、自身の創意工夫は批判の対象とされ、「マニュアルに従った労働」が徹底されたという。

半年間の育成は半端じゃない詰め込みで、1回教えられたことは次の日にはできなきゃダメって感じでした。私は5月の研修が終わったころ本当に残業が多くて、9時から21時半ぐらいまで働いていました。加えて自己学習しようと思ったら朝7時くらいに会社に行かないとできなくて……。

こうした選抜の過程で多くの労働者が店長資格の獲得を断念し、あるいは長時間労働が原因だと思われる精神疾患を患うなどして退職に至る。では、こうして「選別」され店長資格を得た若者は従来型の長期的雇用関係に入ったのであろうか。つまり、C社は小林・梅崎・佐藤・田澤（2014）が分類したような「ふるい落とし選別型」に当たるのだろうか。

この点については、先ほどの三人とは別に聞き取りを行った元店長のcの事例からうかがい知ることができる[(8)]。cは新規学卒者ではないが、20代の半ばに契約社員から社員に登用され、その後長時間労働及び仕事の過剰な責任から精神疾患を発症し退職している。

「仕事ができるほうだった」というcは2年間の非正規雇用勤務の後、「店長登用試験」を経て店長となった。しかし、店長就任後は長時間労働が日常化していった。通常の勤務時間は、7時45分から21時45分までであった。店頭での接客業務を18時15分まで行い、ここで一旦タイムカードを切った。その後は店舗裏の事務所で作業を行う。この時間は賃金計算に含まれない（待遇は「管理監督者」の扱いである)。事務所では、作業計画、レイアウト作り、在庫管理、シフト作成、本部への提出資料の作成等をしていた。

こうした店長の長時間労働の背景には「予算」と「売上げ」が直接に労働量を増大させる構図があった。同社では、店舗ごとに厳格に売上げが問われ、厳しく指導されていた。また、店ごとに割り振られた毎月の予算で赤字を出した場合は、

1年間の中で相殺しなければならない。店舗ごとの採算において赤字となれば、店長としての評価が大きく下がり、ボーナスの減額に加え、厳しい指導を受けることになったという。

予算の内訳の多くを占めるものは、人件費である。同社の店舗では人件費の捻出に大きな制約があった。というのも同社では、店舗ごとの売上げから、それぞれの人件費が算出され、本社から割り振られる仕組みになっていたからだ。店長には、「必要」に応じた人件費を決定する権限はなかった。彼らには本部によって与えられた予算の中でやりくりする「裁量」だけが与えられた。こうした「採算の仕組み」が店長の労働時間を延ばし、またアルバイトの管理の負担を増すことになった。

同社の店舗においては、大型店では店長、副店長ほか社員が複数配置されているが、小型店舗では社員1名だけで運営することがある。そのため、限られた予算の中で非正規雇用のスタッフを効率的に活用し、育成することが店長の責任となる。同時にこれが達成できない場合には自らの労働時間が延長されていくことになる。

以上のような労働環境の中で、cは「主体的」に適用しようとした。cには「サービス残業を見つかったら恥ずかしい」という気持ちがあったという。それは、いわば「仕事ができる」「だから店長になれたのだ」という自尊心からくる気持ちであると思われる。また、業務量の多さが残業の理由だったのではないかという質問には、「仕事のやり方だと思います。要領がよければできると思うんですが、私にはできなかったんです」と応えている。

だが、その後cは長時間労働と採算の圧力で精神疾患を罹患する。家に帰れない徹夜の作業が続き、「毎日毎日こんな時間まで、何やってるんだろ」と思うようになっていった。cは当時の精神状態を次のように回想する。

> 売上げを取るためだけに仕事をしている。どうしてこんなにやることがあるんだろう、やることをやらないと帰れない。

cが精神疾患を発症した直接の理由は、社内監査だったという。C社では、店舗運営に関して、地域の管理者から監査を受ける。この監査では、営業時間中のスタッフの働く様子や、店長がどのような指示を出しているのかが確認される。これは店長にとって「恐怖」だったという。監査の結果は、給与査定はもちろん、店長としての評価に関わってくるからだ。cは、親しい親族の葬儀を欠席して監査を受けた頃から、精神の不調を来すようになった。ただし、そうした行動は会社からの強制ではなく、あくまでも「評価」を受けるための「自主的」な対応だった。

こうしたcの事例からは、C社が「ふるい落とし選別型」ではなく、やはり「門戸解放・使い切り型」に分類するべきことが理解できる。店長への選抜が長期的に持続可能な就労への移行を意味しているとは理解し難いからである。

4）D社：エステ大手

D社は全国規模のエステ業を展開する企業である。社員は職種別（エステティシャン又はフロント）に採用される。賃金は基本給及び諸手当からなる。基本給は年齢、勤続年数、職務遂行能力によって決定され、諸手当に業績給、職能給、役職手当、資格手当、技術給、転勤手当、能率手当、その他交通費、その他報奨金制度が定められている。

社員の職種の内、最も割合が多いエステティシャンに関しては、主任、店長代理、店長、マネージャー（いくつかの店長の範囲を統括、店長の仕事も兼任）、スーパーバイザー（2〜3人のマネージャーの範囲を統括。店長の仕事も兼任）、エグゼクティブ・ディレクター（全国の「エリア」ごとの責任者。10名弱。いくつかのスーパーバイザーの範囲を統括、店長の仕事も兼任する。社員の昇格を決定する権限を有する）の職階が存在する。D社の場合にも、職種が特定され職階制度が整備されている一方で、上位ランクの役職は業態の性質上少数であり、大半が「主任」ランクまでの昇格にとどまる。エステティシャンの仕事内容はエステの施術と美容商品の勧誘である。

労働者からの聞き取りによれば、このエステティシャンの勤務時間は一日連続12時間であり、全国配置転換が義務付けられる。残業代については能率手当として定額が支給される（35,000円程度であり、すでに労基法違反として労働基準監督署から指導を受けている)。また、商品販売が一定のノルマに達しない場合には業績給が支給されず、賞与も減額されるなど、厳しい業績管理がなされている。また、多数の社員が自ら商品を購入することを経験している。長時間労働の結果体調を崩す社員が後を絶たず、離職率も高止まりしているという[(9)]。

同社では、1カ月単位で、個人の目標、店舗の目標、エリアの目標が設定されていた。エリアの目標は「ディレクター」と呼ばれるエリアマネージャーが、店舗の目標は店長が責任を負っている。さらに、こうした売上げ目標は個々のエステティシャンへの売上げ目標に転嫁される。同社の労働者は次のように証言している。

売上げへの負担が大きく、私もMAX50万もするローンを何回も組み、最高で同時期に三重のローンを組みました。外へのチラシまきから帰ってきたら店長がローンの用紙を持って待っていました。売上を達成させる為に購入せざるを得ない状況でした。自分自身が使わないものもたくさん買いました。自分が使わないコースや美顔器を沢山買いました。実質的には手取り月10万程度で、給与の約半分は会社のために使っていました。

新人の頃から朝8時に朝練習がスタートして夜22時頃まで夜練習という長時間労働の上、休憩はほとんどありませんでした。母親が作ってくれたお弁当の蓋を開けて食べる時間もないため、しかたなくオニギリ一つにしてもらいましたが、それも結局は食べれずに家に持って帰って、母から心配されたりを繰り返していました。

彼女は入社後3カ月でストレスと不規則な生活から胃腸炎になり、1週間入院した。医師からは、朝と夜に一度に摂食することが、胃酸の分泌に影響を与えていたのだと診断された。

(2) 労働過程の特徴

以上の労働過程から、五つの特徴を抽出することができる。

第一に、「労働内容の細分化・マニュアル化（育成の短期化）」である。四つの事例全てにおいて、それぞれの企業における労働者の大半は、店長や店員、エステティシャンなど職種が特定された中で限定的な職務に従事していた。同時に、C社では半年間で管理職（店長資格者）への育成を図り、マニュアル化された労働内容を徹底的に「詰め込み」で教え込んでいた。また、非正規社員からの店長登用も積極的に行っているが、事例ではわずか2年間の就労経験の後、即座に店長に抜擢されている。同様に、A社、B社共に短期間の育成で「管理職」に抜擢され、社員の大半は店舗の営業の業務を行っていた。D社においても入社後1年未満の社員に積極的に管理職への昇格試験の受験を呼びかけている。

ただし、短期間の研修制度が徹底されているC社やD社に比して、A・B社では業務の遂行方法そのものについて徹底された管理がなされているとはいえない。むしろ、マニュアルや具体的な指示が不在のまま、後述する「過剰な売上目標」に適応することが専ら求められていた。だが、すでに見たように「店長」等の責任ある職位についたとしても、売上目標に対する責任が大きくなるのみで、人員の増員や予算の配分についての自己決定権は与えられない。また、営業方針や労働内容の大幅な転換もできず、与えられた範囲内での細分化された労働（本部の作成した店舗の運営方針の範囲内での営業努力）をこなすことしかできない。全ての事例の企業に共通するのは、マニュアル化が徹底されていようといまいと、個々の労働者に工夫の余地は乏しく、労働の範囲や手段があらかじめ規定された部分労働の担い手であるということである。

第二に、「労働時間及び責任の無限定性」である。労働内容が細分化され、明確化されている一方で、事例に挙げた全ての企業において、労働者の労働時間は無際限に延長されていった。とりわけ、短期間に「管理職」に抜擢することで、その責任を果たすために労働時間が延長されていく構図にある。彼らの労働時間や責任の内容（売上目標）はあらかじめ決められておらず、制約が存在しない。

第三に、「過剰な売上目標と少人数による営業」が挙げられる。これは小売業やサービス業の利益の直接的な源泉が売上げと人件費を含む諸経費の差にあるからであり、特に、C社で社内制度とされていた店舗の「独立採算制」のように、個々の店舗での売上げと人件費の割合を本部があらかじめ決定し、社員の側がこの計画に沿って利益が出るように行動しなければならない。C社以外の全ての事例においても、それぞれの店舗に売上目標が設定されていた一方で、少ない人員での営業が求められていた。売上が大きく、人件費が少ない（少人数で営業する）ほど利幅が大きくなるからである。

第四に、「企業業績の個人責任化」である。こうした店舗ごとに「責任」を負わせる方法は、労働者個々人に「企業の売上」の責任を負わせることを意味する。個々の労働者は企業業績の責任を直接的に店舗ごとの「採算」に応じて負わなければならないからだ。しかし、それにもかかわらず、すでに述べたように彼らの労働はあくまでも「細分化・マニュアル化された労働」に過ぎない。「企業業績の個人責任化」は「過剰な売上目標と少人数による営業」を労働者に実行させるための手段なのであり、次項で検討する労働者の順応過程とも深く関わっている。

第五に、「交換可能な労働力であることを前提とした労働過程」である。短期間に育成し個々の店舗の責任を負わせる一方で、すでに見たような長時間労働のために多くの労働者が短期間に離職せざるを得ない。それゆえ、新たな労働力を新規学卒、非正規雇用労働者から順次登用するのである。こうして「大量採用・大量離職」の構図が発生する。

(3) 労働者の適応過程の特徴

以上のような労働過程の下で、利益目標を設定された社員はこれを能動的に自らの「目標」と位置づけ、順応していた。こうした労働者の適応過程にも注目する必要がある。その特徴は以下の通りだ。

第一に、「売上目標の自己目的化」が挙げられる。ヒアリングを行った労働者たちは、およそ達成不可能な目標を設定されても、人件費・人員が制約されるなどして目標達成が難しい状況に置かれても、目標未達を「自分の責任」として受容している。彼らはそうした責任を負うことに「アイデンティファイ」していると見ることができる。管理職としての地位を設定されることで、「押しつけられた」はずの達成困難な目標は自らの存在価値を示す指標へと変質している。むろん、企業と労働者のあらゆる「雇用関係」において、労働者が「社員」としてのアイデンティティを形成することは一般的な事柄である。ただし、そうしたアイデンティティ形成は長期雇用への期待や昇級などの人事制度を媒介して付与されるものであることに注意が必要だ。事例に見る労働過程においては、「責任」の受容は相当程度に上るにもかかわらず、客観的な長期雇用の保障や賃金上昇が約束されるわけではない。むしろ、労働の「細分化」と代替可能性が高まっているにもかかわらず、過酷な労働環境に対し、時に「死に至るまで」適応しようとしている。

第二に、この労働過程への適応を補完していたのが「競争の制度化」である。C社の労働者に特徴的に見られるように、「自分は仕事ができるのだ」という意識は彼らを強く順応させる役割を果たしている。非正規雇用からの登用、新規学卒から「管理職」への登用などの競争を通じて、「売上目標」を達成する自己像が形成される。

第三に、しかしながら過剰な目標への順応は自己自身の心身を毀損する。困難な目標の達成を目指す中で、就労意欲そのものが変質し、目の前のその業務をこなす以外に思考の余地がなくなっていく。彼らはやがて冷静さを失い、異常な精神状態で、どんなに持続不能な労働であったとしても、目の前にある業務に向かい合い続けていた。

3　労働市場

次に、すでに見た労働過程に対応する労働市場のありようについて検討していく。「ブラック企業」においては大量離職を前提とした大量採用が行われている。問題は、大量離職を生み出しながらの大量採用を実際に成り立たせている具体的な採用過程である。以下では三つの特徴を簡潔に指摘する。

(1) 虚偽の労働条件提示

第一に、求人情報と実際の労働条件を意図的に異なったものにする採用方法が見られる。「2 (1)」で挙げたA社の事例においても、aが入社した主な動機の一つは、基本となる月給が23万円で他社よりも給与が高いと思ったことであった。同様の事例は数多く存在する。

入社後1年未満の新規学卒社員の過労死事件を引き起こした大手居酒屋チェー

ン店E社では、求人サイトを通じて大学新卒者の月給を19万4,500円であるとしていた。ところが、後になって「80時間分の残業代」が基本給に含まれていることを告げられたという。80時間の残業時間は、厚生労働省が認定するいわゆる「過労死ライン」である。その後、当該事件の労働者は110時間以上の残業を命じられた末、急死している。

また、大学新卒者で中堅不動産業のF社に入社した労働者のケースでは、求人票に「基本給30万＋歩合給」、勤務時間は「9:15〜18:30」「完全週休2日制」と記載されていた。しかし、実際には月150時間以上の残業を命じられ、また入社後の給与明細には、「基本給15万円」「固定割増手当15万円」との記載があった。「固定割増手当」については契約の際にも説明がなく、また契約書にも記載はなかった。

この「固定残業制」と呼ばれる給与体系は近年急速に広がりを見せており[(10)]、求職者に労働時間と賃金の関係を意図的に誤解させる目的で導入されている場合も珍しくはない。実際に、上に挙げたケースでは、全て労働者が本来の賃金を誤解して入社している。こうした採用の手法も、「労働集約型」の労働において、実際の時給単価を最大限低く設定し、一方で給与を高く見せかけるために行われているものと考えられる。

(2) 入社後の処遇が不明である

第二に、第一の入社時における「虚偽の労働条件提示」に加え、入社後の労働時間及び賃金の関係及び評価基準が不明である。これは入社時の虚偽表示とは区別され、そもそも入社後の処遇が不明瞭であるという問題だ。労働市場において労働者はより採用条件のよい企業を選択するものと考えられるが、実際には入社後にも、何時間働き、それに対していくら支払われるのか、またどの程度の「成果」に対しどれだけの対価が支払われるのか、わからない。「2 (1)」で挙げた各企業においても、半年から数年で管理職に抜擢され、責任は重くなっていくが、それに比して労働時間と賃金の対応関係は不明確になっていった。もっとも、こうした傾向は日本の雇用システム全般にいえる事柄であり、求職者は企業ごとのおおよその年齢と年収の関係に着目して企業を選択している。

ここでは、事例の企業の労働過程の特徴と連関して考えることがとりわけ重要である。すなわち、ここに挙げている企業はすべて業務の範囲が限られており、労働内容は具体的である。だが、求職者の側からは、その労働の時間と報酬の関係をはかることができない。むろん、労働条件の水準は企業の規模や収益状況、社内での「地位」の上昇によっても変化しうるだろう。しかしながら、業務の内容が大きく変化しないのであれば、この労働のおおよその時間当たりの単価が労働市場で比較されうるはずである。実際に、こうした単純化され特定された労働に従事させるという前提の下で、固定残業制度の普及に見られるように、企業側は時間当たりの労働単価の節約に極めて繊細な配慮を払っている。

(3) 競争の制度化と主体形成

事例に挙げた企業の労働者たちは、「正社員」として大企業に就職したことに強く期待を抱いていた。彼らの認識では、短期的に入れ替わることを前提とした雇用であることは想定されておらず、長期雇用が念頭に置かれていた。たとえば、過労死事件を引き起こした大手居酒屋チェーン店Eに入社した労働者は、一部上場企業に正社員として入社できたことを家族と喜んだとされている。彼らは長期的雇用関係（そこには技能育成を含む「キャリア形成」への期待もあるだろう）であることを期待し、それゆえ企業の求めに順応しようとしたものと考えることができる。これは企業側の本来の「想定」とは異なっていると思われるが、むしろ大量採用にも、その後の順応を促す上でも都合の良い「誤解」である。

また、中途採用者についてはとりわけ「正社員」となることの意味合いが強く作用する。従来の非正規雇用労働は、主として長期雇用の正社員との間で隔絶され、いわば「固定化された差別」の雇用カテゴリーであった。ところが、「ブラック企業」においては、非正規雇用はむしろ「正社員予備軍」としての性質を持ち、既存の正社員との競合関係に置かれる。彼らは競争を通じて正社員に抜擢されることで、責任の主体として強く統合される。正規・非正規の垣根は分断と格差としてではなく、競争と労働主体の形成の「制度」として作用している。

なお、キャリア教育や就職活動の過程が持つ、労働者の過酷な労働への順応を促進する効果については、今野（2012b）を参照してほしい。

4 考 察

(1) 正社員雇用の性質の変化

本稿では「若者の『使い捨て』が疑われる企業」あるいは「ブラック企業」と呼ばれる典型企業の労働過程を主として分析し、この特徴について論じてきた。本稿が挙げた事例からは、今日の小売業・サービス業において、職務は細分化され、労働者自身による統制の余地は極めて乏しいことが理解できる。

ハリー・ブレイヴァマンによって指摘された「構想と実行の分離」は、今日のこれらの労働過程に極端な形で現れているのである。一方で、つとに指摘されてきたように、従来の正社員雇用は技能管理と表裏一体の関係にあった。すなわち、企業は技能労働者を育成し、保持することで生産の確実性を高める必要があり、これが資本に対して長期的な雇用やそれに伴う昇給を受容せしめる客観的な制約条件となってきた。職務の細分化は、この長期雇用を成り立たせる要素である技能育成をほとんど不要にし、これが労働者の代替可能性を大きく高めている。

ただし、ここで注意すべきことは、職務の細分化によって労働が単純化し、労働者の交換可能性が高まったとしても、それ自体が生産の履行可能性を担保するわけではないということだ。すなわち、生産が実現するためには、生産過程を経営が直接的に管理しうるというだけにとどまらず、現に労働者が確実に労働を行う必要がある。労働の履行可能性を担保しない限り、いかに労働過程を細分化したとしても、労働が実現しない可能性はいぜんとして残るのである。

この問題を、「若者の『使い捨て』が疑われる企業」は二つの方法で解決している。一つは、代替可能性が高まり、長期雇用の前提を欠いている雇用を「正社員」と呼称することにより、労働者側に長期的関係であると錯覚させるというものである。第二に、労働市場における競争及び入社後の管理職への抜擢などを通じて、企業業績への責任を付与し、現にこれに適応するように主体形成を図ることだ。これらの手法はいわば、労働者たちの「アイデンティティ」を企業内に統合する企てだといってよいだろう。技能育成とこれに連動した賃金の向上はなく、むしろ、労働集約的労働過程において時間当たり賃金の節約が図られる中で、労働者の労働する「意思」をコントロールし、労働の履行可能性を高めるためには、

「雇用」の持つ企業組織への自己同一化作用を利用する方法は効果的である。この結果、当該企業における「正社員雇用」は、従来考えられたような長期的なものではなく、それにもかかわらず従来以上に強く企業組織への関与を求められる、という矛盾した性質を有している。

さらに、この矛盾した性質を持つ雇用労働は当然離職率を高める。このため、虚偽の労働条件での募集、あるいは正社員雇用への（適切ではない）期待を最大限に活用する採用戦略が採られている。

(2) 問題解決への示唆

本研究の実例分析から明らかになったように、労働の細分化によって労働者の代替可能性が高まり、かつ利益追求のための一時間当たり賃金の引き下げと長時間労働への要求が高まっていることは、企業が労働者を「使い潰す」要因になっている。

また、労働過程に注目した事例分析からは、「使い潰し」の過程は過剰な目標設定（ノルマなど）や評価基準のあいまいさから労働が無際限になるところに特徴を有していた。これは日本おける正社員の労働慣行に加え、当該企業が労働市場において意図的に「虚偽表示」を行い、さらには入社後の待遇への労働者の「誤解」を利用して「アイデンティファイ」させるところから強化される。このような雇用は矛盾した性質を持つにもかかわらず、労働市場において適切な労働条件の指標がないために、労働者を捉え続けている。

これを抑止するためには、労働市場において労働内容、労働時間、評価基準について明確にし、同時にこの水準を社会的に決定していくことの必要が示唆されている。これらの特定なしには「ノルマ」や「目標達成」が設定され、労働者が企業内でこれに順応していくという問題を社会的に解決することは困難である。これを踏まえた具体的な方策は以下の通りである。

第一に、法的な労働時間の上限規制を設けることが必要である。日本においては労働基準法36条による労働時間の法定上限の適用除外制度が存在するために、実質的に法的な労働時間の上限が不在の状況が続いている。こうした法的制約の実質的な不在が若年正社員を使い潰し、新たな労働者に次々に代替する労務管理を容易にしている点は否定できない。

第二に、労働市場において労働時間及び賃金の関係を明確にする必要がある。労働者自身が労働市場において、あらかじめ労働時間と賃金の関係を正確に知ることなく就労する状況を改善することは、労働市場における当該労働に対する制約を生み出すことにつながる。

これに関連し、いうまでもなく労働市場における労働者の選択的行動は適正な労働条件を担保するものではない。そこで第三に、特定された職務について、適切な労働時間と賃金のあり方を、労働組合が主張・交渉し、「使い潰し」を行う労働条件の企業を労働市場から排除することが求められる。

そこで、本研究から示唆されるのは、単純で交換可能な労働に対しては、技能の向上を担保にした雇用保障や持続可能な労働の整備を企業ごとに実現していく要因に乏しい一方で、当該の正社員雇用労働者たちは客観的に細分化された労働過程に組み込まれているがゆえに、産業ごとに特定された職務について、適正な労働時間・賃金の関係を社会的に示し、企業間の労働コスト競争を規制し得る潜在的な属性を持つということだ。言葉を換えれば、彼らは労働市場規制の現実的な基盤を有しているということもできるし、逆にそのような規制方法以外では企業間競争に動員され、労働基準が不明であるがゆえにその圧力に逆らうことができないということである。[(11)]

おわりに

本稿では、若年正社員における今日の労働問題を実例から分析してきた。「4 考察」で示した通り、これらの正社員雇用は従来から変質を遂げており、同時にそれは個々の企業の偶発的な出来事ではなく、労働過程の構造的変化の帰結である。したがって、今日の正社員問題への対応は、大局的な変化の視点に立って長期的かつ抜本的なものとならざるを得ない。

若年労働問題においては、従来から「正社員化」の必要性が強く訴えられてきた。しかしながら、これからは「正社員雇用」の質を確保する政策的措置が求められることになる。とりわけ、長時間労働の是正や不明瞭な労働市場の整備は急務である。また、比較的単純で限定された職務に就く正社員であっても、適切な労働時間に対する適切な賃金が保障されることに加え、その水準の賃金で社会生活に不自由しないだけの社会保障施策の拡充も求められる。

これらは従来の「日本型雇用」を前提とした社会政策の枠組みでは論じられることの乏しかった論点であるが、今日の若年労働問題の下ではますます検討を要する課題となるだろう。

〔注〕

(1)　今野（2012a）の社会に与えた影響については、森岡（2014）に詳しい。

(2)　厚生労働省HP。http://www.mhlw.go.jp/stf/houdou/0000014323.html

(3)　法政大学によって2007年11月に全国の大学4年生を対象として実施されたインターネット調査及び、同サンプルについてその約2年後の2010年2月に行われたインターネット調査である。サンプル数は前者が1,851、後者が725である。

(4)　ただし、同論文が用いる「ふるい落とし選抜型」は、文中で言及されている今野・川村（2011）の「選別型」とはやや異なった用語法であることには注意が必要である。確かに今野・川村（2011）における「選別型」は、大量に採用した後早期に大量に離職を引き起こす点に着目している。だが、こうした手法を採る企業の実例では、後に見るように学卒後3年以後も離職傾向が続いており、やはり中途採用も多い場合が見られる。したがって、小林・梅崎・佐藤・田澤（2014）の分類に沿えば、「門戸開放・使い切り型」が、今野・川村（2011）における「選別型」及び「使い切り型」の双方を含んでいると考えられる。

(5)　全国の年齢15歳以上35歳未満の正社員（農林漁業・公務を除く）を対象とし、2014年3月に実施された。サンプル数は10,417である。

(6)　企業の特定を避けるため、職位の名称の摘示は省く。

(7)　企業の特定を避けるため摘示できないが、同様の証言は、多くの新聞、週刊誌でなされており、この3人の事例が特殊ではないことがわかる。

(8)　ただし、cの事例は2000年代後半のものであり、他の3人とはやや時期がずれている点には留保が必要である。

(9)　2002年に商業誌にD社の経営者が答えたインタビュー記事によると「4月に100人採用、月50人辞め、月に40名が入社する」、「平均年齢は26歳」との記述がある。

(10) 固定残業制についての詳細は渡辺（2014a, 2014b）に詳しい。

(11) こうした近年の若年労働問題と労使関係の関係については、今野（2015a）で考察している。

〔参考文献〕

小林徹・梅崎修・佐藤一磨・田澤実、2014「大卒者の早期離職とその後の転職先」『大原社会問題研究所雑誌』No.671・672、50-70頁。

今野晴貴、2015a「『新しい雇用類型』の性質と労使交渉の課題─『ブラック企業』現象に着目して─」『労務理論学会誌』第24号。
────、2015b『ブラック企業2 「虐待型管理」の真相』文春新書。
────、2012a『ブラック企業 日本を食いつぶす妖怪』文春新書。
────、2012b「就職活動システムの現代的機能─『失敗』して『成功』する『再配置』」『これが論点！ 就職問題』児美川孝一朗編著、日本図書センター。
今野晴貴・川村遼平、2011『ブラック企業に負けない』旬報社。
森岡孝二、2014「書評 今野晴貴著『ブラック企業:日本を食いつぶす妖怪』」『社会政策』第6巻第1号、107-109頁。
労働政策研究・研修機構（2015）「正社員の労働負荷と職場の現状に関する調査」。
渡辺輝人、2014a『ワタミの初任給はなぜ日銀より高いのか？』旬報社。
────、2014b「裁判事例から見る固定残業代の許容性」『労働法律旬報』No.1824、13-23頁。
ハリー・ブレイヴァマン（1978）『労働と独占資本』富沢賢治訳、岩波書店。

日本労働社会学会年報第26号〔2015年〕

非正規雇用化の進展と労働社会のゆくえ

伊藤　大一
（大阪経済大学）

はじめに

21世紀日本労働社会において、非正規雇用に関する問題は、従来の議論とまったく異なるようになった。非正規雇用に関する従来の議論の中心は、「1960年代型日本システム」と呼ばれたように、雇用の保障された男性「正規労働者」と低い労働条件を当然とされる「非正規労働者」との対比であった（遠藤 2011）。非正規労働者は、主に女性と若年学生アルバイトであり、正規労働者の雇用のバッファとしてあつかわれ、より低い労働条件の適応を当然とされていた。そのため、非正規雇用の問題は、社会問題の主要な対象とされてこなかった。

しかし、21世紀になり「フリーター」と呼ばれる非正規雇用に従事する若年労働者が社会の中心問題となってきた。この背後には、従来なら正規労働者になるはずであった若年男性労働者が非正規雇用に留まり続ける、という変化があった。この変化は低賃金・不安定雇用の増大を意味しており、同時に日本労働社会の中に経済的不平等や貧困の増大を意味していた。

この「フリーター」と呼ばれた非正規雇用の拡大に対して、次の2つの対応策が議論された。第1の対応策は、個人的な職業能力、職業観の向上によって、正規雇用労働者になる方向性であった。これは、非正規雇用拡大の原因を個人の能力不足、不適切な職業観の存在に求め、その是正によって正規労働者になるという方向であった。

この対応策は社会問題を個人的な問題へとすり替えており、まったく意味のない対応策であった。そのため、2008年に発生したリーマン・ショックを契機とした世界恐慌の発生、「派遣切り」と呼ばれた非正規雇用を中心とした失業問題の発生に対して、まったく対応できなかった。

そのため、労働者派遣法の規制強化など労働規制の強化や労働者保護の労働政策の実施などの対応策が2009年9月に成立した民主党政権によって目指された。しかし、2011年3月に発生した東日本大震災の対応の不手際などから、民主党は政権を失い、第2次安倍自民党政権が誕生することになった。第2次安倍自民党政権は、労働政策に関して労働規制強化の方向から、再び労働規制緩和、非正規雇用拡大方向への転換を表明している。

非正規雇用の進展に対して、これまでほとんど顧みられてこなかった対抗策・対抗軸がある。その対抗策・対抗軸とは集団的労使関係の中で自らの労働条件を向上する方向性である。本来、労働社会の編成原理は政（公益）・労・使からなる三者構成原則であり、この三者構成原則の中で、組織された労働者は単なる客体でなく、自らの労働条件向上ための主体として位置づけられている。

しかし、現状では、労働組合組織率は全体的・長期的に低迷している。さらに日本の労働組合は、非正規雇用を排除した正規雇用労働者中心の組織形態、企業別労働組合を主流の組織形態としている。そのために、非正規雇用労働者は、二重の意味で不利な状態に置かれている。

この不利な状況に置かれている非正規労働者が自らの足で立ち上がり、労働組合を結成し、労働運動を実践する中で、正社員化を勝ち取るという希有な事例が徳島県にある。この組合はトヨタ自動車の2次下請のアイズミテックにおいて偽装請負で働く請負労働者によって2004年9月に結成された組合である（以下、請負労働者組合[(1)]とする）。

本稿の課題は、第1に顧みられなくなった労働社会の編成原理である三者構成原則を改めて確認し、第2に、請負労働者組合を対象にした7年間におよぶ調査をもとに、彼らの交渉力の源泉や労使関係のあり方、そして世帯形成の現代的特徴について明らかにしたい。そして、最後に、日本労働社会再構築に向けての緒論点について言及したい。

なお、本章に登場する人物名はすべて仮名となっており、必要に応じて飯富（20代後半、勤続5年以上）などとおおよその年齢、勤続年数を記載している。企業名は基本的に仮名としているが、明白な場合はそのままの企業名としている。

1．労働社会編成原理としての三者構成原則

労働社会の編成原理は政（公益）・労・使からなる三者構成原則である。この三者構成原則は、歴史的に見ると1919年にベルサイユ条約第13編によって設立された国際機関、すなわちILO設立によって確立された。その設立時の組織原則が、政（公益）・労・使の三者構成原則である。

ILOは1919年の設立時に採択されたILO憲章、および1944年5月に採択されたフィラデルフィア宣言において、労働条件の改善を通して、社会正義を基礎とした世界平和の確立に寄与することを目的にしている。最も象徴的な文言はフィラデルフィア宣言1（a）「労働は、商品でない」や1（c）「一部の貧困は、全体の繁栄にとって危険である」であろう。このように、ILO憲章には、労働条件向上や貧困の撲滅を通して安定した社会の実現という考えが明確に存在している。

ILO憲章やフィラデルフィア宣言にこのような考えが反映されている背景には、1914年第1次世界大戦勃発、1917年ロシア2月革命、1929年世界恐慌、そして1939年第2次世界大戦の勃発がある。つまり、共産主義ソビエト、ナチス・ドイツや軍国主義大日本帝国に民衆的支持の集まる背景に、拡大する貧困やそれを放置する政治体制に対する民衆の不満があったと考えられたためである。よって、ILOは労働条件向上による貧困の撲滅、資本主義社会の安定化を目的にし、そのための組織原則として政（公益）・労・使の三者構成原則を採用した（吾郷2009）。

法学・政治学的視点で見ると、この三者構成原則は、最低賃金等の賃金水準や解雇のルールなど労使間交渉で決定された内容を、政府によって法的関係として規制力を有した立法プロセスと言える。つまり、労働関連事項は、労使関係の中で決定される労使自治を前提としている。だが、労使二者は本質的利害の相対立する集団であり、労使の利害対立を調整する存在を必要としている。さらに労使団体がすべての労働者と使用者を代表していない場合、労使の合意に反する行動をとるアウトサイダーが生まれる可能性を否定できない。そのために、労使間の利害対立を調整し、さらに労使間での合意事項を法的関係として強制力を持たせる存在、政府を加えて、三者構成原則となる（濱口2008）。

このように三者構成原則は労働社会の編成原理である。この三者構成原則の中では、組織された労働者、労働組合は労働条件向上のための主体として、その存在を保証されている。しかし、現状では、この三者構成原則そのものへの懐疑や異議が繰り返し表明され、組織された労働者、労働組合を「抵抗勢力」とされることもある。

確かに、日本労働社会における労働組合は、非正規雇用を排除し正規労働者からなる企業別労働組合を組織の中心としている。そのため、非正規雇用で働く労働者の権利は正規労働者に比べ低い水準でしか保証されていない。しかし、非正規雇用で働く労働者でも、労働組合を結成するならば、三者構成原則、とりわけ労使関係の中では、権利主体となりえるのである。そのことを徳島県で結成された請負労働者組合の事例から示していきたい。

2. 請負労働者組合交渉力の源泉

(1) 請負労働者組合運動の経緯

調査対象となった労働組合結成の舞台となった企業は、徳島県にある自動車部品メーカー、アイズミテック[(2)]である。アイズミテックは、資本金1億2,500万円、正規従業員約440名の企業である。アイズミテックは親会社J社の完全子会社である。J社はトヨタ自動車（以下トヨタとする）の第1次下請企業であり、日本を代表する自動車部品メーカーである。よって、アイズミテックはトヨタの部品サプライチェーンの一環を構成する企業である。

このアイズミテックは計2社の請負会社[(3)]から約230名の外部人材を受け入れており、正規現場作業員約200名にこの外部人材約230名を加えた約430名が、アイズミテックにおいて日々の生産を担っていた。

この外部人材は形式上請負であり、アイズミテックと雇用関係を有していなかった。しかし、アイズミテックの正社員に直接指揮命令される偽装請負状態であった。この偽装請負で働いていた請負労働者達約20名が2004年9月に偽装請負の告発、正社員化を求めて労働組合を結成し、労働運動を開始した。この非正規雇用労働者の労働運動は、2000年代半ばになされた「格差社会論争」の中でマスコミなどの注目を集めることに成功した。

2006年9月に請負労働者からアイズミテックの契約社員として直接雇用を結ぶことに成功する。そして2007年4月には、請負労働者組合はアイズミテックに対して2度にわたるストライキを行った。このストライキなど労働運動の結果として、請負労働者組合は、2007年12月より順次正社員化を獲得し、2012年9月にほぼすべての組合員の正社員化を獲得した。

このように、2004年に結成された請負労働者組合は、「派遣切り」に見られるように権利の弱い非正規雇用ながらストライキまで実施し、正社員化を勝ち取った。なぜ、彼らはこれほど大きな交渉力を持ちえたのであろうか。

(2) トヨタ生産方式の脆弱性と請負労働者組合によるストライキ

請負労働者組合が大きな交渉力を持てた背景には、アイズミテックにおける要因とトヨタ生産方式に内在する脆弱性の2側面がある。まず、アイズミテックにおける要因は、請負労働者を導入し、活用してきた経緯そのものの中にあった。アイズミテックにおける請負労働者の活用は1990年代末から開始される。その活用は、ピストン・シールとよばれる新製品の製造を担う労働力として始まった。

このピストン・シールは直径20㎝ほどの自動車部品で、オートマチック・トランスミッション（以下ATとする）に組み込まれる部品であり、プリウス、エスティマなどトヨタ自動車の主力車種に搭載されている。2000年以降、トヨタ自動車からの発注の増大に合わせて、ピストン・シールを製造する請負労働者の数も増大していった。アイズミテックは、この増産を担う労働者を正社員の増大でなく、安価な請負労働者の増大で対応したのであった。その結果として、アイズミテック正社員は、ピストン・シールの製造経験を持たずに、満足にピストン・シールを製造できない。ピストン・シール製造のために、請負労働者の存在が不可欠という事態を招来した。アイズミテックの主力製品であったピストン・シールの生産過程を正社員でなく、請負労働者組合に掌握されてしまったのである。

さらに、トヨタ生産方式の脆弱性がこれに加わる。それが2000年より始まった原価低減活動、CCC21（Construction of Cost Competitiveness 21）である。

トヨタグループの部品調達コスト低減活動は、これまでも非常に有名であった。

従来の部品調達コスト低減活動は、自動車部品を複数の「ケイレツ」部品サプライヤーに発注し、複数の部品サプライヤーを納期、品質、価格で競争させ、原価低減を図ってきた。しかし、この部品調達コスト低減活動は、2000年を境に変化することになった。これが2000年より開始されたCCC21である。

CCC21は、部品調達コストを3年間で「3割、1兆円の削減」を目標として開始された。そのため、部品点数の削減を進め、車種共通部品を増やし、部品1つ当たりの生産量を増加させた。さらに、トヨタ自動車は、これまでの複数の部品サプライヤーに自動車部品を発注する方式を改め、1つの部品サプライヤーに発注し（一社発注の増加)、発注量を増大させる代わりに、納入単価の引き下げを求めた。

ピストン・シール生産を集約する企業として選ばれたのがアイズミテックであった。2005年に月産70万個の生産量であったものが、2006年には月産90万個に増大した。さらに2008年の生産量見込みでは、月産110万個にまで生産規模が拡大すると予想されていた。

ここにおいて、トヨタ自動車の主力車種に搭載されるピストン・シールはアイズミテックのみで生産され、アイズミテックでの生産はアイズミテック正社員でなく、請負労働者組合によって担われていた。トヨタ自動車の生産拡大に合わせ、アイズミテックも生産を拡張し、企業は成長していく、しかし、部品を生産している請負労働者組合の非正規労働者はその恩恵にあずかれない。

2007年4月に請負労働者組合は24時間ストライキに突入した。トヨタ生産方式は、余分な在庫を持たないジャスト・イン・タイムを採用している。つまり、営業日ごとに、決まった数のピストン・シールがアイズミテックで生産され、苫小牧にあるトヨタ北海道の工場に運ばれ、ATに組み込まれる。苫小牧で組み立てられたATは全国のトヨタ工場に運ばれ、プリウスやエスティマに搭載され完成車となる。

請負労働者組合のストライキは、トヨタの主力車種複数の部品供給を停止させることを目的としていた。トヨタグループは在庫を極力持たないトヨタ生産方式を採用しているので、わずか2日にわたる24時間ストライキでも、トヨタへの部品納入を停止させることができた。

アイズミテックにとって、トヨタへの納入が遅れ、トヨタの主力車種生産ラインを停止させるような事態は、決して許容できない事態であった。なぜならば、トヨタグループの下請けを形成するアイズミテックにとり、そのような事態を招来することは、トヨタからの信頼を決定的に失い、今後の受注にも大きな影響を与えるためである。そのため、請負労働者組合の要求をのみ、早急な妥結が図られた。請負労働者組合の要求をアイズミテックは受け入れざるを得なかった。

トヨタ生産方式は、最も洗練された生産システムのひとつである。トヨタ生産方式は、トヨタ自動車を世界最大の自動車メーカーに押し上げる条件であった。しかし、同時にトヨタ生産方式は、トヨタグループに対抗する非正規労働者による労働運動発展の条件をもつくりだした。

3. 対立的労使関係の形成

(1) 正社員を前提とした従来の協調的労使関係

これまで日本の労使関係や労務管理をめぐる労働社会学会の議論は、正社員労働者を前提として議論されてきた。特に自動車産業の労務管理を対象とした研究において班長などの末端職制によるインフォーマルな労務管理が正規ブルーカラー労働者管理の中心をなしていると指摘されてきた（黒田 1991、小山編 1985、猿田 1995、鈴木 2001、野原・藤田編 1988、野村 1991)。

これらの研究によると、職場レベルにおける集団的労使関係は弱体化ないしは形骸化しており、これに代わって拡大してきたのが、経営（人事部）主導の労務管理であるとする。この労務管理の特徴は、QCサークルに代表されるフォーマルな活動と、先輩制度やPT（パーソナル・タッチ）運動などに代表されるインフォーマルな活動によって、網の目のように織りなされる「経営者主導の大衆運動」である。

そしてこれらの活動を主導するのが班長や組長などの末端職制であり、その予備軍である。彼ら末端職制の活動により労働者は企業の中に「統合」されるとともに、「統合」されない労働者は企業外へと大量に「排出」されてきた。一般的に「終身雇用」と言われているイメージとは裏腹に、多くの正規労働者も離職していた（辻 2011)。

労働強度や労働密度の高い現在の仕事に対して、現場作業員は多くの不平・不満を抱えており、特に夜勤を含めた交代勤務に対する不平・不満は強くあった。しかし、このような不平・不満は、労働組合を通して作業スピード規制などの職場規制に向かうことなく、潜在化されたままであった。

これは、先にふれた網の目のように織りなされる労務管理の「成果」でもあり、トヨタなどの大企業従業員のみが享受できる「相対的高賃金」、「福利厚生施設・制度の『豊かさ』」、そしてマイホーム所有のための「ローン」制度などの「『生活安定』装置」のためであった。このように、自動車産業においては労務管理に対して多くの費用をかけて、労働者管理を行ってきた。

しかし、これらの研究は期間工なども対象としているが大企業正規ブルーカラーを主たる対象にした研究である。現在生じている事態は、非正規従業員の拡大であり、福利厚生施設などの「生活安定」装置の対象とならない労働者の拡大である。次項では、偽装請負のもとで働く請負労働者に対する労使関係、労務管理の実態について明らかにする。

(2) 非正規雇用に対する労務管理

偽装請負のもとでの労使関係、労務管理の特徴は、前節で見たような正規ブルーカラー労働者を対象とした網の目のように織りなされた「経営者主導の大衆運動」もなく、「生活安定」装置もない、対立的な労使関係、労務管理である。アイズミテックにおいて、この対立的な関係は、労務管理の主要な手段として解雇という圧力が使用されること、および請負労働者を正社員と区別した「社外工」として「差別的な」あつかい、いわば「二級市民」としてあつかったことから形成された。

請負労働者組合は、後に請負労働者組合の中心人物となる請負労働者数名が、少数派正社員組合に相談したことをきっかけとして結成された。その当時の様子を飯富（20代後半、勤続5年以上）と少数派正社員組合の幹部である山本は次のように述べている。

飯富「最初は仕事できなければクビじゃとか、人間見下したような。」

山本「そうそう、後からマスコミが入ってきたから、賃金とか直接雇用だとかの話になったが、最初の話は人間として認められていないという話だった。」

飯富「結局、職制が仕事を教えてもくれないのに、ワイらにはいろいろ求めてくる。その求めを断ったら、向こうは違う手段（解雇など）をつこうてくる。だから暗黙の脅しじゃったね。おまえら言うことを聞けなかったらクビだぞってね。そういう脅しをもって仕事をさせられてきた、ワイらは。ワイらをクビにするならしなさんな。豚もおだてりゃ木に登るじゃないけど、（アイズミテックは）人間のあつかい方を間違えたな。こう言っちゃ何だけど、もうちょっと綺麗なあつかいしていたらこんなことになってなかった。」

山本「せっかく改善点を言ったのに、おまえら言う必要ないわとか言われた、（最初に相談を受けた時には）そういう訴えの羅列だった。そして何かあれば入れ替える（解雇される）。」

飯富「まともに仕事がしたいけん、えいようにしたいけん、いろいろ言う訳じゃないですか、結局それも認められない。悪くなったら悪くなったように仕事させられるし、ほんだけど、もっと仕事しろとか、クレーム出すなとか言われる、なら最低限これぐらいしてくださいよと、うちらから要求しても、認められん。だけど仕事はああせい、こうせい言われる。どう考えてもおかしい。」

（2006年秋調査、インタビュー時、飯富は請負労働者であった。）

請負労働者達から相談を受けた山本は、当初この問題について、「労働問題と言うよりも、人権の問題、市民権の問題だな」という印象を抱いたそうである。非常に興味深い点として、請負労働者組合結成の端緒が、請負労働者達による直接雇用を求める労働運動から出発したのでなく、「まともに仕事がしたいが、改善点を言っても職制に無視された」という発言に現れているように、自分たちの労働や仕事が正当に評価されない、十分尊重されていないという不満を出発点としていることである。

山本は「労働問題と言うよりも、人権の問題、市民権の問題」と感じたように、彼ら請負労働者とのインタビューを通して感じるのは、アイズミテックや正社員から「見下されている」とか「バカにされている」「人間としてあつかわれていない」などの、負の感情である。それはおそらく「人として十分に敬意を払われていない」「傷つけられた人間の尊厳」として表現されるのであろう。

そして、「傷つけられた人間の尊厳」を回復させようとする欲求を原動力にし、その根源的な思いが現在の経済的諸関係に媒介されて、労使関係として制度化され、雇用の安定や賃金の上昇を求める労働運動として結実しているように思える。主体としての労働運動を考えるならば、この根源的な「思い」から労働運動に上昇していく過程を分析しなければならないであろう。しかし、この課題は現在の筆者の能力では困難である。今後の課題としたい。

ここアイズミテックでは、請負労働者に対する労務管理の主要な手段として解雇という圧力が頻繁に使用され、長期雇用慣行を前提としないこと、および請負労働者に対して正社員と異なる「社外工」として「差別的に」あつかったために、協調的労使関係が形成されることなく、対立的な労使関係が形成された。そしてこの関係の中で請負労働者組合は組織された。

(3) 統合されない請負労働者

非正規雇用の拡大は、「総額人件費」の削減のために行われるが、同時にこの事態は労務管理を通して「統合」を行ってきた基盤の縮小をも意味している。つまり、企業は労働者を「統合」するために、正社員として雇用して、「『生活安定』装置」も用意するなど、一定額の「費用」「コスト」をかけてきた。しかし、「総額人件費」削減は、この「費用」「コスト」の削減であり、労働者を企業へと「統合」してきた機能そのものの削減である。

「統合」されない請負労働者の実態を、請負労働者組合の中心人物達によって組織された一般の組合員である甘利（20代前半、勤続4年程度）と板垣（20代前半、勤続4年程度）を通して明らかにする。この甘利と板垣の2人は、年少時から友人関係であり、請負労働者組合の中心人物である飯富により組織された組合結成時からのメンバーである。

筆者「おふたりは、飯富さん達にどんなことを言われて組合に入ったのですか。」

甘利「(2004年の夏に）飯富さんに誘われて、まず、クビになるのは嫌か、かまわんかと聞かれて、かまわんすと答えた。そんな軽いノリで入った。取りあえず条件はクビになるのは嫌かどうかだった。みんなでかたまったらこわあないみたいな（ことを言われた)。」

筆者「組合に入ったらこんないいことがあるとかは、言われなかったのですか。」

甘利「ほとんど聞いてなかったな。」

板垣「社員になれるかもしれんぞといっていたぞ。でも今の状況よりは確実によくなるだろうと言われて、ほな入りますて。」

筆者「偽装請負とか飯富さん達の話わかりましたか。」

甘利「最初わからんかったな。請負と派遣の違いて一体なんだろうという話になって、組合の席で偽装のなんじゃらじゃと言う話になって、そういうことかて、だんだんわかってきたのが1年ぐらいたった頃だった。はじめの頃はなんやわからんと、クビになるかもしれんけどええかとしかなかった（笑い)。」

板垣「ついていきます。好きにしてくださいという感じ（笑い)。」

甘利「(会社を）潰すなり、やるなりどうぞという感じ（笑い)。」

(2006年秋調査、インタビュー時、ふたりともに請負労働者であった。)

このふたりの発言には、請負労働者組合組織化の出発点がよく示されている。請負労働者組合の中心人物である飯富は、まず「クビになるのが嫌か」と請負労働者に声をかけて、請負労働者を組織化している。ただし、この時点で正規雇用の話も出ている点が注目されよう。飯富をはじめとする数名が少数派正社員組合に相談したときには、先に見たように「労働問題と言うよりも、人権の問題、市民権の問題」という色彩が強かった。しかし、一般の請負労働者を組織化するこの段階になると、労働問題としてこの問題に対処するという方針が見られる。つまり、労働者派遣法にある「直接雇用申し込み義務」を根拠として、直接雇用をアイズミテックに求めるという、その後の請負労働者組合の基本方針がすでにこの時点で確認できる。

また、偽装請負という法的にも非常に複雑な問題を請負労働者が理解するために、労働組合が大きな役割を果たしたこともこのやりとりからうかがえる。これは、請負労働者組合独自の活動のみでなく、少数派正社員組合と協力関係にあることも大きく影響しているであろう。また彼らの発言からは、請負労働者組合の中心人物達に対する信頼感も現れている。職場の先輩として彼らに仕事を教え、何かと世話を見たのが飯富をはじめとする請負労働者組合の中心人物達であった。よって飯富をはじめとする請負労働者組合の中心人物達は、末端管理者としてではなく、イギリスのショップ・スチュワードのように職場代表として部下である請負労働者達を掌握しているといえる。もう少し一般請負労働者達の発言を見てみる。

筆者「クビになるのは怖くはなかったのですか。今のままでこの給料を確保しようとは思わなかったのですか。」

甘利「それはなかったね。もう行くとこまでいこうかと思っていた。最後暴れて。もしクビになったら1升瓶もってきて宴会せんかという話をしていた。もう現場むちゃくちゃにしてやれと言う話になっていた。バーベキューでもしようとか（笑い）。」

筆者「何でそんなに平気なのですか。」

甘利「別に独り身やし。体あったら（別の場所で）働けるし。ほんまはこの夏（2006年夏）でクビになると思っていた。8月から残業を拒否しようという話になっていて、これでクビになると思っていた。だからクビはこわくなかった。だから来月から失業保険やなって、3ヶ月は遊べるなって、一緒に失業保険もらいにいこうかって（笑い）。だからみんな険悪なムードではなかった。」

（2006年秋調査、インタビュー時、ふたりともに請負労働者であった。）

甘利と板垣は独身であり、世帯形成していないことも影響しているのであろう。しかし、このふたりからアイズミテックに対しても、請負会社に対してもコミットメントの薄さが見てとれる。長期雇用慣行を前提とせず、網の目のように張りめぐらされた労務管理の対象にも、「生活安定」装置の対象にもならない非正規雇用の拡大は、企業に「統合」されない労働者の拡大をも意味している。

4．請負労働者達の世帯形成・再生産

(1) 請負労働者を取り巻く社会的ネットワーク

本節では、請負労働者達の労使関係、労務管理から離れて彼らの生活や世帯形成について述べていきたい。その際に注目するべきは、彼ら請負労働者の持つ社会的ネットワークの存在である。この社会的ネットワークは、お互いの信頼に基づいた関係、つまり社会関係資本の利用と言えるであろう。

社会関係資本とは、パットナムによると、「社会関係資本が指し示しているのは個人間のつながり、すなわち社会的ネットワーク、およびそこから生じる互酬性と信頼性の規範」（パットナム2006:14）と定義されている。つまり、社会関係資本とは、労働移動なども含めた市民生活全体を、コミュニティ全体を活気づける「潤滑油」として述べられている。

彼ら請負労働者は、この社会的ネットワーク、社会関係資本を職探し、異性との出会い等に利用している。まず、職探しの実態から見てみよう。アイズミテックでの構内請負への求職手段をまとめたものが、**表1**である。この表によると、

表１　請負労働者達の求職手段

	人	%
学校の紹介	0	0.0
ハローワークなどの公的な機関の紹介	3	8.3
家族や知人・友人の紹介	13	36.1
民間職業紹介機関の利用	1	2.8
就職情報誌・新聞・インターネットなどを見て応募	18	50.0
「わからない」と回答	1	2.8
計	36	100.0

出所：調査をもとに筆者作成。

ハローワークなどの公的な機関を通して、請負労働者になった者は3名、8.3%であり、少数である。半数の者が就職情報誌や新聞の求人欄、インターネットなどの手段を通して、請負労働者となっている。次いで多く利用された求職手段は、家族や知人・友人のネットワークである。請負労働者の約36%の者が、この手段を通して請負労働者となっている。なお、学校の紹介を経由して請負労働者になった者はいなかった。このように、請負労働者の求職手段を見ると、ハローワークなどの公的な機関が利用されることは少なく、多くの者が、求人情報誌やインフォーマルなネットワークを利用して、請負労働者になっている。

このインフォーマルなネットワークは、主に家族や知人・友人を通してもたらされるネットワークである。つまり、アイズミテックにおいてすでに働いている請負労働者の先輩や友人から、求職者は情報を得ている。そのため、このネットワークの利用は、アイズミテックにおける労働条件や賃金に関する非常に正確な情報を求職者に与える。さらに、彼らが、アイズミテックで請負労働者として働き始めると、すでに働いている先輩や友人が職場の先輩として仕事を教えてくれたり、職場に早くとけ込めるように気を配ってくれたりする。このように、インフォーマルなネットワークの利用は、若年労働者の求職活動に際して、労働移動をスムースにさせる機能を持つ。

また、彼ら請負労働者の中にある社会関係資本は、彼らの求職活動を円滑にするばかりでなく、請負労働者組合の組織化においても大きな役割を果たした。労働組合運動に距離があるとされる若年労働者であるが、請負労働者組合に加入した約4割の者は、友人などのネットワークを使用して、アイズミテックで請負労働者となっている。つまり、彼らは、先輩や友人のネットワークで、請負労働者となり、仕事を教えてくれたり、何かと世話を見てくれたりする先輩や友人に誘われて請負労働者組合へと加入している。このように、彼ら請負労働者の中にある社会関係資本は、彼らの求職活動をスムースにし、失業者から就業者への移行を円滑にするのみでなく、請負労働者組合への加入をも円滑にしている。

しかし、彼らの中にある社会関係資本は、このような正の効果ばかりでなく、負の効果をも持つ。その負の効果が、いわゆる「フリーター」と呼ばれる非正規雇用への再生産である。つまり、彼ら請負労働者の友人達は同じような社会的バックグラウンドを持つ、同じ階層出身者が多い。同じ社会的バックグラウンドを持つ友人は正規雇用で就労しているのでなく、非正規雇用で就労している可能性が高い。その友人達のネットワークを利用し求職活動を行うことは、正規雇用の職に就く可能性よりも、非正規雇用で就労する可能性を高めることになる。

イギリスの若者の移行期を研究しているMacDonald, R. et al.［2005］も指摘するように、友人達のインフォーマルなネットワークの利用、つまり社会関係資本の利用は、新たな就労先を見つける手段になり、労働組合加盟を促進させる手段にもなるが、同時に雇用の不安定な非正規雇用へと若年労働者を誘導する機能をも持つとして次のように述べている。「地域ネットワークへつながることは、最貧困地域内で生活する際に直面する様々な問題に対して、対処する手助けにもなり、社会的包摂をも生み出す一方で、最貧困地域に埋め込まれた社会関係資本は、社会的排除の条件から逃れる可能性をも同時に制限するのである」（MacDonald, R. et al. 2005: 885）。

(2) 請負労働者達の世帯形成

日本労働社会における世帯形成は、「一家の稼ぎ手モデル」を主流としていた。この「一家の稼ぎ手モデル」は男性正規労働者によって配偶者女性と子供を養育するモデルである。つまり、男性正規労働者の賃金によって家計は賄われ、配偶者女性は働いたとしても家計補助的な賃金であることを意味する。これが男性正規労働者にとって一般的であった年功賃金の持つ意味でもあった。

しかし、非正規雇用の拡大はこの年功賃金の対象にならない労働者の拡大であった。よりわかりやすく言うならば、従来ならば正規労働者になったであろう男性労働者にまで、非正規雇用が拡大した。つまり、年功賃金の対象にならず、「一家の稼ぎ手モデル」を構築できない男性労働者が増大した。

非正規雇用で働く男性労働者はこれまでのような世帯形成できない。そのため、共働きや家族の再結集など、「一家の稼ぎ手モデル」とかなり異なった様相を呈する。調査からその実態に迫ってみたい。

1）共働き世帯の事例

共働き世帯の事例として横田（30代後半、勤続1年未満）の事例を見てみる。横田は18歳で高校卒業後、鮮魚卸売業に正社員として就職するも長時間労働を理由に退職し、その後、職をいつか経験し、32歳のときにアイズミテックでの請負労働者となる。配偶者とは、横田本人が21歳、配偶者18歳のときに友人の紹介で知り合い、つきあい始める。つきあい始めたときに配偶者は看護学校の学生であった。その後配偶者は正規の看護師として病院に就職し、配偶者21歳、横田24歳のときに結婚し、その後第1子、第2子をもうける。

横田の配偶者は正規の看護師をしているので、横田よりも高い給与を受け取っている。横田の配偶者は平日に日勤に入り、週末に夜勤というシフトで働いている。横田の配偶者が夜勤で子供の世話を見られない週末に、休日である横田が子供の世話を見ている。横田や横田の配偶者も子供の世話を見られないときには、近くに住む横田の配偶者の両親が子供の世話を見ている。

このように、非正規雇用で働く横田は正規雇用で働く横田の配偶者と世帯形成をしている。まさに「一家の稼ぎ手モデル」の想定する男性正規雇用と女性非正規雇用の世帯形成と真逆の世帯形成が行われている。さらに、見逃せないのが子供の世話を実家に見てもらえるということである。これは横田に限らず、経済的に不利な請負労働者の世帯形成において、実家からの援助・助力が非常に大事であることを示している。

同じような事例は請負労働者組合の調査から多く見られた。例えば戸石（20代後半、勤続3年程度）の事例を見ても確かめられる。戸石は高校卒業後、正社員として味噌を製造する食品製造企業に就職する。2年勤務したが長時間労働を理由に退職し、2年間美容師見習いなど、職を転々とする。美容師見習いをしていたときに同じ職場で知り合った女性といわゆる「できちゃった婚」によって、配偶者と第1子を21歳で得る。そして、22歳のときに、請負労働者となる。25歳の時に2卵生双生児で第2子、第3子をもうける。

戸石の経済力の弱さを補うために、戸石の配偶者はパート労働者として働いているが、やはり子供の世話は戸石の配偶者の実家によって見てもらっている。このように、経済力の弱い非正規雇用労働者が世帯形成をするうえで、配偶者の就

年齢	教育・雇用関連	家族関連およびその他
13	中学入学。 帰宅部	中学時代からタバコを吸い始める。
16	高校入学。 帰宅部。	友人達とバイク(400cc)を無免許で運転する。 午前中は友人の家でゲームをして遊び、午後から高校に通う生活であった。 高校の教室内に、水の入ったバケツがあり、そこに吸ったタバコを入れていた(教師公認)。
18	高校卒業。 鮮魚の卸売業に正社員として就職する。 6年程度在籍していたが、4：00－20：00勤務という長時間労働を理由に退職する。 途中、長めの休憩が入るが、そのまま勤務することもあった。月給18万円程度。	習慣的な飲酒を始める。 高校卒業時に、車：86レビン(70万円)を親に買ってもらうが、2ヶ月で事故を起こし、廃車になる。 シルビアをローンで購入。
21		友人の紹介で彼女と知り合う(現在の配偶者)。 彼女は看護学校の学生であった。
22		スカイライン32Rをローンで購入する。 給料の多くは、ローンの返済にあてる。
24	「派遣会社」の「派遣社員」となる。 F電機でエアコンのコンプレッサー製造業務。 月給18万円程度。1年程度在籍。 (当時派遣労働者に「物の製造」は許可されていなかった。)	結婚：配偶者は看護師。 結婚を機に、スカイライン32Rを手放し、ワゴンRに乗り換える。
25,6	シロアリ駆除の会社に正社員として入社する。 有機リンを扱う業務であったので、仲間内では「長生きできせんよ」と言い合っていた。 月給20万円程度、7年程度在籍。 仕事が楽しくなく、危険な仕事でもあったので退職する。	
30		第1子誕生。
32	ラガバーリンに請負スタッフとして就職する。 アイズミテックに配属される。 月給22万円程度。	第2子誕生。 配偶者は、平日は日勤、週末に夜勤。 子供の面倒は、交代で見ている。 たまに配偶者の実家に子供の面倒を見てもらう。 給料は配偶者の方が多い。
36	アイズミテック契約社員となる。 第3次直接雇用。	
37	アイズミテック正社員となる。	

図1　横田、30代後半、勤続1年未満

出所：調査をもとに筆者作成。

労や実家の援助などを活用している。横田の学校から労働への移行過程を**図1**としてまとめておいた。

2）家族の「結集化」の事例

従来の「一家の稼ぎ手モデル」では、配偶者女性は主に専業主婦として考えられてきた。これは男性正規労働者に十分な世帯形成をする収入のあることを前提としている。しかし、その経済力のない非正規雇用で働く世帯にも女性配偶者の専業主婦が確認された。それが望月（20代後半、勤続4年程度）の世帯である。

年齢	教育・雇用関連	家族関連およびその他
13	中学入学。野球部に所属。	
16	高校入学。	高校3年生ぐらいから酒を飲み始める。
18	機械組立・設計会社に就職。 3年程度在籍、月給17万円、会社の上司の独立についていき離職する。	スカイライン購入。ローンを組む。
20		彼女と知り合う（現在の配偶者）。 友人の紹介で知り合う。
21	機械組立・設計会社に就職。 1年半程度在籍、月19～20万、別の上司の独立についていき離職する。	スカイライン、事故で廃車。 サーフ購入。ローンを組む。
23	機械組立・設計。 1年半程度従事、月給25万円程度だが、個人事業主の形態で全ての経費が自己負担であった。結婚を考える彼女のために離職。	サーフを手放し、RX-7購入。 ローンを組む。
25	ダイテック（コラボレート）の請負スタッフとなりアイズミテックに配属される。 この仕事に就いたのは県内で他条件の良い仕事があまりないため。	彼女と結婚。結婚を機にキューブに乗り換える。ローンを組む。 RX7を手放すことは、彼女との約束。
26	組合より脱退のために追加調査不可能。	第1子誕生。 自分の両親、配偶者、子供との5人暮らし。両親は働いている。配偶者が専業主婦として家庭・育児を担当。 姉（33）；保育士；県内在住 本人 妹（24）；専業主婦；県内在住 妹の夫：車の整備士

図2　望月、20代後半、勤続4年程度
出所：調査をもとに筆者作成。

望月は高校卒業後、機械組立・設計の企業に就職するが、上司の独立について行き、離職する。23歳の時には個人事業主となる。このままでは結婚もままならないと離職し、25歳の時にアイズミテックの請負労働者となる。それに合わせて付き合っていた彼女と結婚する。26歳の時に第1子が誕生する。

結婚以来、望月の配偶者は専業主婦であるが、望月の家計は「一家の稼ぎ手モデル」でない。つまり、望月の世帯は、望月世帯と望月の両親世帯の同居世帯であり、望月と望月の両親合わせて3人就労している。そして3人分の家事そして育児を望月の配偶者が専業主婦として担っている。これは、経済力の弱い望月世帯と望月の両親世帯との「結集化」と言えるであろう。両世帯ともに、お互いに利用し合い、助け合いながら、世帯形成と再生産を行っている。

これまで専業主婦はある程度所得の高い男性の配偶者であるとされてきた。しかし、若者を中心に雇用の不安定化が進展し、不確実性やリスクが高まる中で、労働者は不確実性やリスクに備えるために、「個人」でなく、家族や友人・知人のネットワーク、社会関係資本を活用しているのではないだろうか。

これは日本だけでなく、イングランドの若者の移行期を実証的に研究した、MacDonald, R. and Marsh, J. [2005] においても指摘されている。MacDonald, R. and Marsh, J. [2005] は、イングランドの最貧困地域に住む15〜25歳までの若者、88人を対象とした聞き取り調査である。この調査からも、やはり若者の移行過程において、家族からの援助が若者の移行過程を安定させるために非常に重要であると報告されている。

3）非正規雇用の脆弱さの事例

非正規雇用は、正規雇用に比べ賃金だけでなく雇用保障の点においても脆弱である。最も象徴的なのは2008年年末に出現した「年越し派遣村」であろう。80年ぶりの世界恐慌は、アイズミテックや請負労働者組合にも大きな影響を与えた。

アイズミテックにおいても、トヨタからの発注が急速に低下し、請負労働者組合に組織されていない派遣労働者、請負労働者の削減、2交代制から交代なしの操業体制への転換などがなされた。請負労働者組合内から、雇い止めや解雇という問題こそ発生しなかったが、しかし、2009年年初では未だ組合員の半数以上はアイズミテックの正社員でなく契約社員であり、給与体系は月給制でなく、時給制であった（時給1,150円程度）。そのため、操業時間が低下し、交代手当や残業代がつかなくなった契約社員の給与水準は急速に低下し、総支給で15万円程度の給与になる労働者もでてきた。

1929年世界恐慌以来80年ぶりの恐慌はまさに「危機（Crisis）」であった。請負労働者組合内では、個人的資力、そして親族の経済的援助も得られず、最も経済的に脆弱な者に矛盾が集中した。

それが諏訪（002）と三枝（023）であった。このふたりは賃金収入の急速な低下により、家計急変に直面し、最終的には生活保護を受給した。諏訪には継続的な調査を断られていたので、詳細は不明であったが、三枝の状況を見ると、典

年齢	教育・雇用関連	家族関連およびその他
15	中学校卒業。 仏壇の製造企業に就職。 17年程度勤続、月給17万円程度。 工場をベトナムに移した関係で、規模縮小のあおりを受け解雇。	趣味はパチンコ、パチスロ。 ファンカーゴ購入。160万円。ローンを組む。
32	無業	アルト購入。30万円、中古、一括。
34	プラットバレーの請負スタッフになる。 アイズミテックに配属。新聞広告で申し込み。	入社半年後に結婚（できちゃった婚）。 配偶者は専業主婦。 第1子誕生。 すぐ子どももできたので、家族中心の生活。 パチンコをやめる。余暇にお金をかける余裕なし。
36		第2子誕生。 アルトを姉に譲渡。 ワゴンR購入、130万円、中古、ローン。
37		第3子誕生。
38	アイズミテック契約社員になる。 第1次直接雇用。	
40		第4子誕生。
42	アイズミテック正社員になる。	

図3　三枝、30代後半、勤続4年程度

出所：調査をもとに筆者作成。

型的な多子貧困の問題であった。三枝は結婚後次々に4人の子宝に恵まれたが、結果として配偶者が働くことを困難にし、家計状況を圧迫した。

このように、請負労働者組合内における3タイプの世帯形成を検討してきた。いずれにしても、従来の「一家の稼ぎ手モデル」が想定しているような世帯形成と異なっている。しかし、大事なことは不足する賃金収入を様々な形で補いながら家計を維持・再生産させようとしていることである。もちろん、正規雇用に比べると脆弱であり、不安定な家計であることに間違いない。

5．労働社会のゆくえに関する諸論点──おわりにかえて

(1) 請負労働者組合運動の評価をめぐって

この2004年9月に結成された請負労働者組合運動の評価はどのようになされるべきであろうか。この組合に所属している約40名の組合員は、2012年9月にほぼ全員、アイズミテックの正社員になった。当初、アイズミテックと雇用関係さえなかった請負労働者が、アイズミテックと雇用関係のある契約社員になり、ストライキをも実施し、正社員化を勝ち取った。近年の労働運動停滞のもとではまれに見る「サクセスストーリー」である。しかし、日本の労働運動全体にとって、徳島県での請負労働者組合運動の影響は限定的である。

日本の労働組合運動はやはり全体として見るならば長期的に停滞している。労働運動ばかりでなく、日本の労働社会を見ても若者を取り巻く現状は、「ブラックな働き方」でもよいので正社員になるのか、それともフリーターと呼ばれる非正規雇用になるのかの、二者択一をせまられているように見える（今野 2012）。これまで日本労働社会の特徴は、遠藤の言う「1960年代型日本システム」であり、年功賃金を前提とした男性正規労働者と女性と学生からなる労働条件のより劣った非正規雇用を特徴としてきた。言葉を換えるならば、労働条件の劣った非正規雇用をバッファとして、犠牲にすることで、中核労働者たる男性正規雇用の労働条件を守ってきたとも言える。

正規雇用でなく、非正規雇用で働く男性労働者の現状は、これまで見てきたように世帯形成において非常に不利な状況にある。だからこそ、請負労働者組合は正社員を目標に労働運動を実践してきた。しかし、徳島県における請負労働者組

合による労働運動は、「1960年代型日本システム」を根本的に批判し、オルタナティブを社会に提起するような運動ではなかった。もちろん、正規雇用と非正規雇用の格差をなくすような「均等待遇」「同一労働・同一賃金」要求はあったが、正社員化という到達点から見るならば、正規と非正規の格差を維持したままでの、非正規雇用から正規雇用への転換という「サクセス・ストーリー」であった。

「1960年代型日本システム」を根本的に変えるべく研究者から、「1960年代型日本システム」の中心である属人給としての年功賃金から、仕事給としての職務給への賃金制度の転換が提起されている。しかし、労働組合の幹部はこの職務給への転換に関して、慎重な態度を崩していない。

年功賃金は生計費原則なので、世帯形成、子供の誕生、子供の学費などライフステージの変化に合わせて、賃金上昇していく。しかし、職務給は、上位職種への昇進なければ賃金上昇しない賃金制度である。仮に、日本において早急に職務給を導入したならば、労働者の生活水準は低下するであろう。

このような生活水準の低下を防ぐために、職務給であるヨーロッパ諸国は、子供の誕生、広い家、子供の学費などライフサイクルに対する支出を社会保障制度でカバーしている。具体的に指摘すると、子ども手当、家賃手当、高等教育も含めて学費無料化ないしは低額化などである。

もちろん、職務給の導入にあたって、社会保障制度の充実を同時に議論するのであるが、研究者の議論に対して労働組合幹部が慎重な姿勢を崩していない。本論文冒頭でも指摘したが、労働関係の問題は、労使自治、それに政府（公益）を加えた三者構成を原則とする。この三者構成原則の中で、労働者は客体でなく主体として位置づけられている。労働関係の議論、改革案は、労働者に受け入れられるものでなくてはならない。

確かに、労働組合の組織率は長期的に低下しており、労働者の主体を見いだすことは困難に直面している。その一方で、政府や使用者の力は強く発揮されている。だからといって、労働社会の編性原理である三者構成原則を軽視するのでなく、その復興を模索していくことが大事である。

その際に注目するべき観点として、「労働と生活の接合点」を活発化させるコミュニティ・オーガナイジングなど非常に参考になるであろう（山崎 2014）。

労働社会の健全な発展のために、三者構成原則の中における、主体としての労働者の復興こそが、徳島の請負労働者組合から最も学ぶべきことかも知れない。

〔注〕

(1)　本稿で取り扱う請負労働者組合は、発足当初、JMIU徳島地域支部組合アイズミテック分会であった。これは、アイズミテックと直接の雇用関係にないために、JMIU傘下の地域ユニオンである徳島地域支部組合の分会として発足したためであった。

しかし、2006年10月に、請負労働者17名が労働運動の結果として、アイズミテックに直接雇用された。アイズミテックと直接の雇用関係が発生したために、この組合は、JMIU徳島地域支部アイズミテック分会からJMIU徳島地域本部直属のJMIUアイズミテック分会となった。

その後労働運動の成果として2007年12月にはアイズミテック正社員化を勝ち取る。その結果として、組合内にアイズミテック正社員とアイズミテック契約社員、そしてアイズミテックと雇用関係のない請負労働者までが含まれることになった。そのため、組合名もアイズミテック関連支部へと名称変更した。しかし、本稿では煩雑さを避けるためにすべて「請負労働者組合」で統一している。

(2)　アイズミテックの労使関係は、正規雇用を組織する労働組合として2つ存在していた。多数派労働組合はJAM傘下の労働組合であり、少数派労働組合として、JMIU傘下の労働組合が存在している。

(3)　アイズミテックに関連している請負会社は最終的にラガバーリンとプラットバレーに2社であった。しかし、撤退した請負会社もある。詳細については筆者の著作を参照願いたい（伊藤 2013）。

〔参考文献〕

吾郷眞一、2009「なぜILOは三者構成なのか」『日本研究労働雑誌』585号。
伊藤大一、2013『非正規雇用と労働運動』法律文化社。
遠藤公嗣、2011「雇用の非正規化と労働市場規制」大沢真理編『承認と包摂へ』岩波書店。
今野晴貴、2012『ブラック企業』文春新書。
黒田兼一、1991「戦闘的労働運動の衰退と協調的労使関係の成立」堤矩之・浪江巌編『日本の労務管理と労使関係』法律文化社。
小山陽一編、1985『巨大企業体制と労働者』御茶の水書房。
猿田正機、1995『トヨタシステムと労務管理』税理経理協会。
鈴木玲、2001「労使関係」『大原社会問題研究所雑誌』507号。
辻勝次、2011『トヨタ人事方式の戦後史』ミネルヴァ書房。
野原光・藤田栄史、1988『自動車産業と労働者』法律文化社。
野村正實、1991「生産性管理と人間関係諸活動」戸塚秀夫・兵藤釗編『労使関係の転換と選択』日本評論社。

パットナム, R., 2006（柴内康文訳）『孤独なボウリング』柏書房。
濱口桂一郎、2008「労働立法と三者構成原則」『ジュリスト』1369号。
MacDonald, R. et al., 2005 "Growing Up in Poor Neighbourhoods: The Significance of Class and Place in the Extended Transitions of 'Socially Excluded' Young Adults," *Sociology*, 39 (5).
MacDonald, R. and Marsh, J., 2005 *Disconnected Youth?: Growing Up In Britain's Poor Neighbourhoods,* Palgrave Macmillan, London.
山崎憲、2014『「働くこと」を問い直す』岩波新書。

日本労働社会学会年報第26号〔2015年〕

労使関係システムの再編成と新しい労働組織
――アメリカの経験から――

山崎　憲
（労働政策研究・研修機構）

はじめに

2015年4月15日、全米236都市でファイト・フォー・フィフティーン（Fight for Fifteen）運動が展開された。掲げたのは、時給15ドルへの賃上げだった。時給15ドルで一日8時間、週5日、12ヶ月働いたとすれば、31,200ドルとなる。この金額は、4人家族世帯の貧困ライン2万4,520ドルをようやく上回るにすぎない[(1)]。しかも、柔軟な雇用管理の下で、まとまった時間数を働くことができないという問題もある。時給15ドルを手にしたとしても、子供に十分な教育の機会を与え、家族を養い、老後や病気といったもしもの事態に備えるといった人間らしい生活を送るための最低水準の入り口に立ったことにすぎない。運動がターゲットとしたのは、マクドナルドを筆頭としたファストフード店だったが、同様の運動は、レストラン、ファストファッションやスーパーマーケットなどの小売店などでも展開されている（Penn, 2015）。

こうした運動に特徴的なことは、労働組合が主体ではないということである。アメリカで労働組合が企業と団体交渉を行うためには、全国労働関係法（NLRA）が規定し、全国労働関係委員会（NLRB）による運用の下で、合法的な団体交渉権が認められる必要がある。その意味において、合法的な団体交渉権を持つ労働組合による運動ではない。中心となったのは、労働組合が支援する運動の母体となる組織のほか、コミュニティ組織、NPO、学生、教会などだった。団体交渉権を持たないため、労働者を雇用する企業と直接に賃上げ交渉ができるわけではない。より多くの人と組織を巻き込み、注目を集めることで、メディアや政治に働きかけ、賃上げや連邦・州等の最低賃金引き上げがねらいだ。

アメリカは、団体交渉により、労働条件を引き上げるとともに、その成果を労働組合のない企業で働く労働者にも波及させてきた。このような労使関係の伝統からすれば、多くの労働組合員ではない人や組織を中心にした運動は、これまでみられなかったことである。もう一つの特徴がある。労働条件や社会保障、職業訓練等を主として扱ってきた交渉内容が、住宅、就業支援、地域コミュニティの連帯、職業あっせん、介護、教育・進学支援など生活に関連したことがらへと拡大してきた。

本稿は、これらをアメリカの労使関係の変化とみて、その背景と新しい利害調整の枠組みとそれを支える長期的な人材育成の仕組み、日本との比較における若干の示唆を提示したい。

1．労使関係システムで解決できない範囲の拡大

マクドナルド等のファストフードを対象としたファイト・フォー・フィフティーン運動、ウォルマートを代表とするスーパーマーケットやZARA等のファストファッションを対象とした賃上げを求める運動は、2012年から本格化した。それぞれの運動に参加しているのは、現役従業員、元従業員、労働組合、中小企業事業主、中小企業事業主、宗教指導者、地域コミュニティ組織のメンバー、女性権利擁護団体メンバー、多民族連合の会員、議員、一般市民、学生といった多様な人々や組織である。

主催者は、自らの運動を、ストライキもしくは「市民的不服従運動（Civil Obedience Action）」と呼ぶ。合法的な団体交渉権を持つわけではないので、実質的にはストライキではない。「市民的不服従運動」という用語は1960年代の公民権運動時に使われた言葉だ。労働組合員だけでない広範な参加を呼びかける意味が込められている。歴史を紐解けば、公民権運動には労働組合も積極的な支援を続けていた。ワシントンD.C.にあるスミソニアン博物館には、公民権運動に参加した全米自動車労働組合（UAW）の組合旗が現在も保存されている。

2012年から始まった運動には、全米食品商業労働組合（UFCW）や全米サービス従業員労働組合（SEIU）がスタッフの派遣や運動のための戦略立案を援助するほか、多くの資金を提供している。アメリカ商業会議所や国際フランチャイ

ズ・チェーン協会によれば、SEIUは、2013年に1,180万ドル、14年に1,850万ドルの資金を投じている[(2)]。

労働組合が支援しているのはそれだけではない。連邦政府が契約する請負労働者[(3)]の契約最低額を時給10ドルに引き上げる運動や、公契約によるリビング・ウェイジ運動など、やはり、労働組合員を直接の受益者としない運動にも積極的にかかわっている。

労使関係といえば、団体交渉という制度的枠組みの下で労働組合と企業が互いの利害調整を行う体系として、整理されてきた経緯がある。それからすれば、大きく様相を変えるようになっている。それは、労働組合が公的部門35.7%、民間企業6.6%、合計で11.1%へと組織率を大きく低下させたことと無縁ではない[(4)]。だがしかし、同時にそもそも前述のようにアメリカの労働組合が公民権運動に積極的に参加をしていた歴史を顧みれば、市民の広範な参加を呼びかける「市民的不服従運動」に足を踏み出したことは、なんら不思議ではない。むしろ、団体交渉を軸とする労使関係システムにとらわれすぎていたのではないかという感すらある。

労働組合の組織率が低下したということは、労働組合の企業に対する交渉力が弱まったということ以上の意味を持つ。

アメリカの労使関係システムは、企業に雇用され、労働組合に組織されている労働者が企業と交渉した成果として、労働条件や社会保障の水準が労働組合のない企業で働く労働者にも波及することで機能してきた。具体的には、労働組合との交渉で企業が健康保険と年金の掛け金を負担する仕組みが社会全体に波及してきたのである。個別の企業で行う団体交渉で、労働組合の企業に対する交渉力が弱まれば、労働条件や社会保障水準の維持、向上が難しくなる。それはすなわち、労働組合のない企業で働く労働者にとってはなおいっそう労働条件の維持や社会保障水準の低下がもたらされるということにつながった。こうした変化は労働組合の交渉力の低下だけではかることができない。その大きな原因が、企業経営の変化にある。

カッツとダービシャーは、1990年代末にアメリカ、ドイツ、日本といった国々を調査して、人事労務管理がどのように多様化しているかをとりまとめた

(Katz, Darbisher, 2000)。彼らの問題意識は、1980年代から90年代に世界を席巻した日本企業の影響により、どれだけ世界の雇用管理が変化したのか、ということだった。労働組合のない企業と労働組合のある企業のそれぞれについて調査を行った。労働組合のない企業を、①低賃金型、②官僚型（組織化企業のホワイトカラーを対象)、③人的資源管理型、④進出日本企業型とし、労働組合のある企業は、⑤伝統的ニューディール型、⑥対決型、⑦ジョイントチーム型として、七つに類型化した。このうち、ドイツと日本を除いて、①低賃金型と③人的資源管理型が大きく進展したとする。

この点において、オスターマンによる報告が示唆的である。オスターマンは、企業が職業訓練にかける経費に着目し、その額が上位階層の従業員にのみ集中して増大していることを明らかにした。このことは、企業が上位階層の従業員に対する投資を惜しまずに、長期的に中核的な役割を期待するようになっていることを示す一方で、下位階層の従業員には能力の伸びを期待せずに、単純な職務を担わせていることを意味している（Osterman, 2005)。

カッツとダービシャーによる分類の①低賃金型は、小規模の小売業や工場が伝統的に採用してきた。雇用形態は、臨時雇用や個人請負が一般的であり、従業員の長期的な貢献は求めていない。②人的資源管理型は、企業の長期的な戦略と従業員の関心を一致させることで企業経営に対するコミットメントを高めようとする。そのために、知識・技能給の採用、従業員間の情報共有の促進、紛争解決手続きの整備、チームワーク方式といった制度を採用する。

①低賃金型と②人的資源管理型は、一見すればまったく異なる人事労務管理制度を採用しているようにみえる。しかし、①低賃金型にも中核的な役割を期待する上位階層の従業員が存在しており、②人的資源管理型でもすべての従業員に企業経営へのコミットメントを求めるわけではない。とくに②人的資源管理型では、1990年代以降に対象とする従業員の数を絞り込んだことをカッツとダービシャーは指摘する。つまり、①低賃金型と②人的資源管理型が進展したということは、①低賃金型が従前から活用していた臨時雇用や個人請負が進展したということになるのである。

その状況は、雇われずに働く独立労働者（Independent Worker）の数が増大していることにあらわれている。

独立労働者を支援する組織であるフリーランサーズ・ユニオンは、2014年9月に独立労働者がどれだけいるのかについて調べて、その結果を公表した。調査は2014年7月から過去12ヶ月の状況についてきいている。それによれば、アメリカの労働人口の34％、5,300万人が独立労働者として働いているというものだった。内訳は、個人請負を専業にしている人が全体の40％で2,110万人、昼間は特定の企業に雇われて働き、夜は副業として請負の仕事をしている人が27％で1,430万人。複数の雇用先と請負を組み合わせて仕事をしている人が18％で930万人、臨時雇用や一時請負の仕事をしている人が10％で550万人。本人が請負として働いているとともに同業者を雇用しているフリーランス事業主が5％で280万人だった。

フリーランサーズ・ユニオンは、連邦会計検査院が2004年に行った非典型労働者（Contingent Worker）について行った調査結果が今回の調査に近いとして例示し、2004年の4,260万人から非典型労働者の数は約1,000万人増えているとする。こうした労働者の多くが、企業が提供する健康保険や年金などの保障の外に置かれている。企業が中核的な役割を期待する従業員に、職業訓練や長期雇用、社会保障などを提供する一方で、臨時雇用や個人請負の状態で働く労働者は低賃金ということだけでなく、企業が求める能力を育成するための職業訓練や社会保障から外されるのである。(5)

職業訓練は労働者が賃金を上昇させていくために必要なプロセスだが、企業は求める能力を持つ従業員を自ら育成しようとする傾向が強まっている。そうした職業訓練に参加することができない労働者は、企業外の職業訓練に個人負担で参加しなければならないが、その結果として得られる能力が、企業の求めるものと合致する可能性は低い。さらには、そうして獲得した能力を活用して請け負う仕事の報酬がどれくらいになるのか、という交渉を行う場がない。

こうした変化は、若者の就労にも影を落とす。

失業率は高卒以下で高まり、大卒でも高卒程度の技能しか要求されない仕事につかざるを得ない状況が増えている。無給のインターンシップ期間が長期化するという問題も生じている。所得が低いほど婚姻率が低くなるという調査結果もある。(6)

大学卒業生の進路にも変化がみられる。ラトガース大学は『大学卒業生の追跡調査』において、2006年から2011年に卒業した大学生の進路を調べている。そこで明らかになったことは、フルタイムの仕事に就くことができる卒業生の割合が減るとともに、初職の年収が低下しているということだった。その理由として、4年の学位の必要がない職に就いていることをあげる。金銭的な理由から、卒業後に家族と同居を余儀なくされていることや、進学の時期を延期せざるを得ない状況があることも明らかにした（Stone, et al., 2012）[(7)]。

その他、民間シンクタンクが低賃金労働者の実情を報告している。経済政策研究所は、最低賃金水準で働いている労働者の56％が女性で、そのうちの55％がフルタイムで働いていることを明らかにした。リベラル系シンクタンクNELPは、製造業で働く労働者のうち60万人が時給9.6ドル以下、150万人が時給11.91ドル以下で働いており、自動車組立企業の労働者のうち14％が、自動車部品メーカーでは29％が請負として働いていることを2014年12月に報告した（Ruckelshaus, Leberstein, 2014）。

臨時雇用、個人請負、無給のインターンシップなどはどれも、団体交渉を通じた既存の労働組合と使用者の関係の外側に置かれている。つまり、労働組合と使用者の関係の外側に置かれる労働者が増えているのである。

2．団体交渉を超えた労使関係システム

ダンロップは、①マネージャーと管理者代表の階層、②労働者と労働者の代弁者の階層、③政府組織をアクターとし、アクター間の利害調整によって形作られる「web of rules」に着目し、アメリカに関しては利害調整が労働組合と使用者による団体交渉によって行われるとした（Dunlop, 1958）。だがしかし、ダンロップは国際比較調査の結果から、団体交渉は利害調整における一類型にすぎないことも同時に明らかにしたのである。

ダンロップに続く、コーハン、カッツ、マッカーシー（以下KKM）は、アメリカ一国に限定して、団体交渉を軸にした階層的な利害調整の仕組みをニューディール型労使関係システムとして整理した（KKM, 1986）。その意味において、ダンロップが団体交渉をアメリカの利害調整の基軸に置いたことの延長線上にあ

る。もともとダンロップは同時期の国際比較調査により、団体交渉や職場に限定しない利害調整の姿を明らかにしていた。

一方、KKMはアメリカ一国の労使関係システムを整理したものの、とりまく環境に変化が訪れるという時間的経過のなかで、団体交渉や職場で行われてきた利害調整が変化せざるを得ないことを指摘した。それは、①現状維持を続けることで人的資源管理的手法と低コスト低賃金志向が伸長してアクター間の利害調整が機能しなくなる、②政府が労働者権利の強化と職場での労働者参加の促進を進めるが大企業の参加を得られずに①と同じ結果になる、③団体交渉の枠組みに企業競争力向上のための協力を組み込み人的資源管理的手法の拡大を食い止める、④労働組合以外の個人を代表する新しい戦略が誕生する、の四つである。

KKMはこれら四つの将来シナリオのうち、③に期待をかけており、④のような労働組合以外の新しい戦略がうまれる可能性はほとんどないとしていた。だが、団体交渉や職場による利害調整ではない新しい戦略を想定していたことは注目に値する。

続く、オスターマンらは、KKMの将来シナリオに沿ったかたちで調査を行い、「新しい労働組織」「次世代労働組合」「政府の役割の再鋳造」として、変化する労使関係システムの姿を描き出した。そこでの問題意識は、従来の団体交渉の枠組みでカバーすることができない課題を解決すること、およびKKMの将来シナリオにおける③の団体交渉の枠組みの範囲内で企業競争力の向上に競争するための方策を探ることにあった。ここにおける関心事項は、労働者の権利擁護、職業訓練・斡旋、健康保険や年金などの社会保障、ワーク・ファミリーバランスなどの生活に関連したこと、子供の教育、地域経済振興、雇用創出といった広範なものであった。この時点で、団体交渉や職場を超えた利害調整を想定していたことになる（Osterman, et al., 2001）。

3．ワーキング・アメリカ

「労働組合以外の個人を代表する新しい戦略」における利害調整の中身をみてみよう。それは、「労働者の権利擁護、労働条件の維持、向上」「子供の教育支援」「介護」「障害者支援」「母子家庭、父子家庭の生活支援」「多様な性の権利擁護」「人種、民族、肌の色などの背景を持つ人の権利擁護」「宗教」「病気を持つ人の支援」「地域を支える経営」「産業育成、雇用創出」「職業訓練と資格によるキャリアラダー構築」「職業紹介・斡旋」「環境保護」「住環境・地域のインフラ整備」「食の安全」「拠り所づくり」といったことがらとなる。これらは、当然に職場だけで調整できるものではない。

アメリカ労働総同盟・産別会議（AFL-CIO）のトラムカ会長は2013年3月に開かれた会議で、新たな組織化戦略を提起した(8)。その戦略は、「伝統的な組合主義の外にある」方法であり、現在、さまざまな形で実験中だとした。背景には労働組合組織率と労働組合員数の大幅な低下がある。2011年は組織率11.8%、組合員数1,476万4,000人だったが、2012年には組織率が11.4%、組合員数1,436万6,000人に減少しており、1983年の組織率20.1%、組合員数1,770万人と比べれば、30年間でおよそ330万人も減少した。その原因の一つとして、雇われて働いているわけではない労働者「新世代労働者（New Generations of Workers）」の数が6,000万人にのぼるとした。そのうえで、団体交渉にとらわれる時期ではないとし、三つの戦略を提示した。

一つめが、労働組合ではないが、労働者の権利擁護や職業訓練・斡旋、健康保険や年金などの社会保障サービスの提供などを行うために労働者を代表している組織と手を組むというものである。二つめは、合法的に労働組合が交渉権を代表することができない、請負や家内労働、独立労働者のように雇われずに働いている労働者の組織と手を組むことである。そして三つめが、こうした連携を効果的に行うために労働組合内部構造を改革するということだった。

会議では、戦略に沿った成果の報告も合わせて行われた。宗教組織と低賃金労働者を代表する組織の連携による家内労働者法の創設、賃金未払いを行った使用者の事業免許取り消しの市議会への働きかけ、労働教育、労組組織化支援、最低賃金引き上げキャンペーンの実施、労働者協同組合との提携(9)などである。

このような新たな試みのうち、もっとも大きなものがAFL-CIOが直接に立ち上げた組織、ワーキング・アメリカである。オフィスで働く女性の地位向上と労働条件の向上を目的とする労働組合9 to 5を母体とし、2003年に設立された。誰でも会員になることができることを特徴としている。実験的なプロジェクトとして11州でスタートした。会員数は2013年で約330万人。年会費は5ドルだが、柔軟に変更するとしており、実際に会費を支払っている会員は全体の15％ほどである。

ワーキング・アメリカは誰でも会員になることができるということだけでなく、組織化手法にも特徴がある。それは、地域で各家庭を訪問することで組織化をするということである。各州には取りまとめ役となるディレクターとメンバーシップ・ディレクター、その下には実際に各家庭を訪問するキャンヴァス・ディレクターとキャンヴァス・オーガナイザーを置いている。働きかける人の持つ課題を政策によって解決することが可能だとして、経済情勢や政府施策、企業や経営者に関する情報を提供することを通じて組織化を行っている。

ディレクター、キャンヴァス・オーガナイザー等のスタッフは、メンバーの自主的な活動を援助することが主たる役割である。メンバーは、コミュニティ・アクションチーム（Community Action Teams; CATs）に編成され、地域に根差した活動を行っている。その内訳は、「サービス業および小売業労働者がおよそ50万人、組合に未加入の医療従事者および教育関連労働者が40万人、専門職および管理職が25万人、建設労働者が10万人強」がメンバーの大きな部分を占めており、「白人（82%）、労働者階級（75%が世帯所得25,000ドルから50,000ドル）、文化的に保守派（3分の1が銃器所有者、3分の1が福音派）」という傾向を持つ（Nussbaum, 2014）。

これまでの活動でワーキング・アメリカが2014年の主要な成果とあげるものは次の通りである（Working America, 2015）。

「209の選挙戦の勝利（連邦、州、地方あわせて）」「最低賃金引き上げ運動で1,350万人の賃金を引き上げ」「コミュニティに125億ドルの資金を還元」「150万職について賃金水準を維持」「200万人の失業保険給付を延長」「未保険状態の200万人の会員に健康保険を提供」「Right to Work法の成立阻止に協力：オハイオ、ペンシルバニア、メイン、ニューハンプシャー」「ミネソタ州立幼稚園の廃止阻止」「オハイオとニューメキシコでメディケア対象者拡大（50万人）」「オハイオとペンシルバニアで6億ドルの教育・社会サービス向け予算を確保するよう州政府に働きかけ」「ポートランドで12万人に有給病気休暇を獲得」「ニュージャージーとアルバカーキで48万人の最低賃金引き上げ」「オハイオ州でアミューズメントパーク建設計画阻止と引き換えに教育予算確保」

これらの成果において、ワーキング・アメリカのメンバーは直接の当事者としてだけではなく、消費者や地域住民、学校に通う子供の両親や教師、中小企業経営者といったさまざまな利害関係者を代表していた。

ワーキング・アメリカは職場を単位としない組織であるため、職場を通じた安定した会費の徴収が難しい。そのため、健康保険および年金の受け皿団体として機能することで、会費予算の徴収が安定するように試みている。

4．労働組合と地域連携における組織戦略

団体交渉や職場に限定しない範囲で利害関係の調整を行うのは、ワーキング・アメリカだけではない。

AFL-CIOが2013年9月9日から11日までの日程で開催した大会で、「コミュニティ・パートナーシップと草の根の力委員会」が、第16決議「永続的な労働組合とコミュニティのパートナーシップの構築」を提出し、可決された。そこで取り決められた組織との提携関係が、団体交渉や職場に限定しない幅の広さをあらわしている。

それらは、環境保護団体の「シエラクラブ」、「全米黒人地位向上協会（NAACP）」、ラテン系アメリカ人組織「全国ラ・ラザ協議会（the National Council of La Raza）」、働く女性のための組織「Moms Rising」、そして大学生の組織「搾取職場に反対する学生連盟（United Students Against Sweatshop）であり、AFL-CIOの組織運営上の意思決定に加わることができるようになったのだ。

シエラクラブは2006年に全米鉄鋼労組（USW）との間に、風力や太陽光などの環境に配慮したエネルギーを活用した産業の育成と雇用の創出を目的とする、ブルー・グリーン同盟と呼ばれるパートナーシップ協定を結んでいる。NAACPはかつて公民権運動を主導し、会員数は30万人を数える。全国ラ・ラザ協議会（the National Council of La Raza）は全米でおよそ300のラテン系コミュニティ組織を代表する。Moms Risingは母親の組織として、学校教育問題や女性の労働問題に取り組んでいる。搾取職場に反対する学生連盟は150のキャンパスに支部を

持ち、地域の労働運動を支援する。

これら労働組合ではない組織とAFL-CIOとの連携は、中間支援組織と実行組織、調査・研究、人材育成に支えられている（**表1**）。労働組合と直接の連携関係にあるのはワーキング・アメリカだが、二者間の関係だけですべてが完結するわけではない。前述のファイト・フォー・フィフティーン運動では、現役従業員、元従業員、労働組合、中小企業事業主、宗教指導者、中小企業事業主、宗教指導者、コミュニティ組織のメンバー、女性権利擁護団体メンバー、多民族連合の会員、議員、一般市民、学生など、多種多様な組織や人々が集っている。こういったさまざまな組織や人々の連携を促すためには、説得力を持つデータや連携をもたらす中間支援組織の存在が必要となる。AFL-CIOはそのために、調査研究機関としての経済政策研究所とNELP、および中間支援組織としてのジョブズ・ウィ

表1　労働組合と労働組合ではない組織との連携関係と機能

組織名	概要	機能
ワーキング・アメリカ	• AFL-CIO直下のコミュニティ組織 • 誰でも加盟できる	コミュニティにおける実行組織
ジョブズ・ウィズ・ジャスティス	• ワシントンD.C.に本部	さまざまな組織関連携を促す中間支援組織
セントラル・レーバー・カウンシル（CLC）	• 主要都市にAFL-CIOが置く支部 • 労働組合やNPOが加盟	実行組織であるとともに中間支援組織
AFL・CIO州、市支部	• 州・市単位の組織 • 地域の労働組合が産業別単位に加盟	実行組織、中間支援組織、
経済政策研究所	• リベラル系シンクタンク • 1％と99％の格差や貧困についてデータを提供	調査研究、情報提供 ロビー活動
NELP	• リベラル系シンクタンク（法、経済） • データを提供	調査研究、情報提供、ロビー活動
United Association of Labor Education	• 労働問題、労働組合に関する教育	人材育成
Labor Research and Action Network	• 研究者、労働組合運動家、コミュニティ組織関係者による学会	調査研究、中間支援組織
ミッドウェスト・アカデミー	• 1973年設立のコミュニティ・オーガナイジングに関するトレーニング機関	人材育成

出所：筆者作成。

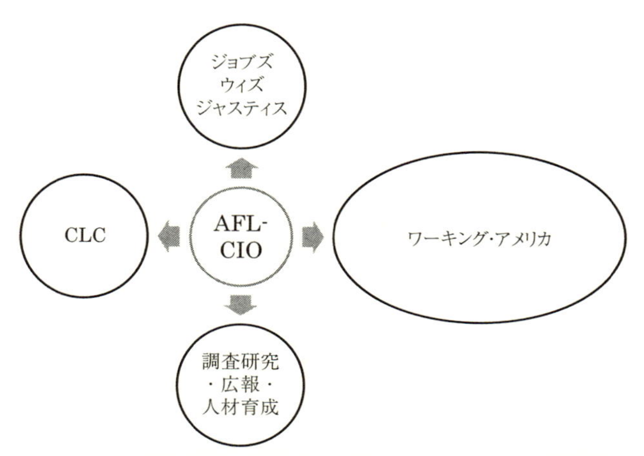

図1　中間支援と調査・研究、人材育成が支える広範な利害調整
出所：著者作成。

ズ・ジャスティスを置いた。AFL-CIOの全国本部も中間支援組織としての役割を担い、同様に、AFL-CIOの州支部や主要都市における各種組織の連携を促すための組織、セントラル・レーバー・カウンシルもまた中間支援組織としての役割を担っている。

こうした制度的枠組みを機能させるために大きな役割を担うのが、人材育成である。具体的には、組織間の連携を促すとともに、地域の抱える課題を見出して運動の中心に据えることができるようにしたり、運動を取りまとめるリーダーを作り出すということになる。表1の「United Association of Labor Education」や、「Labor Research and Action Network」のような組織や学会がそこを担っている。**図1**は、これら中間支援組織と調査・研究、人材育成の機能が労働組合と労働組合ではないが労働者を代表する組織が、広範な利害調整を支えている姿を図式化したものである。

5．人材育成と組織間連携を支えるコミュニティ・オーガナイジング

ダンロップやKKMは団体交渉や職場以外の利害調整の仕組みを想定していたが、現実にもアメリカの労使関係システムはそうしたことを包含していた歴史を

持っている。

1938年、未熟練労働者を中心とする産業別組合会議（CIO）が熟練労働者の利害を代表するアメリカ労働総同盟（AFL）から分離した際に、CIOは職場だけでなく地域住民を巻き込んだ組織化を展開した。CIOに加盟する労働者は低賃金で働いていたが、彼らの抱える問題が職場で労働条件を改善するだけでは解決できず、居住する地域のインフラや住居、子供の教育、食糧など生活に密着したところに困難を抱えていたからである。

この組織化のことをコミュニティ・オーガナイジングといい、CIOで活動をしていたソウル・アリンスキーによって始められた。その特徴は、地域に存在する教会や学校、企業家、有力者、労働組合といった組織や人々をつなぎ合わせるとともに、こうした組織や人々が自ら地域の課題をみつけて解決していくことにある。誰か強力な活動家がリーダーになって引っ張っていくというものではない。実際の活動は、さまざまな組織や人々をつなぎあわせることで、所属するメンバーにサービスを提供することと、組織と組織をつなげることで直接的な行動にでることで、地域の抱える課題の解決を試みることの二極の間に存在している。メンバーにサービスを提供することが主たる目的であれば福祉型の、課題の解決を試みることが主たる目的であれば社会変革型の組織になるが、そのいずれでもコミュニティ・オーガナイジング組織という名称が使われる（Bobo, et al., 2010）。

アリンスキーは1964年に、ブルックリンで、失業中の600人の黒人労働者にコダック社の職業訓練を受けさせるための運動を展開した。その際に、コミュニティからリーダーを見出して指導的な役割を担わせるとともに、さまざまな支援組織やマスメディアを巻き込んだ。この運動は、コミュニティのメンバーが職業訓練を受講することで能力が高まり、就労機会や労働条件の向上を獲得するという福祉型の目的を持ちながら、それまで企業外の労働者に対して職業訓練機会を提供していなかったコダックを動かすという社会変革型の目的を持っていた。つまり、福祉型と社会変革型の二極のどちらかに偏るわけではなかったのである。

この二極の間でバランスをとることや、コミュニティからリーダーを見出す、もしくはリーダーを育成する、およびコミュニティのさまざまな組織や人々を結びつけて、自ら課題をみつけられるように促し、必要によっては社会変革のための運動を支援するといったことは、アリンスキー自身がそうであったコミュニティ・オーガナイザーの役割である。そのために特別な知識や能力を身につけることが求められるが、初期のコミュニティ・オーガナイジングには体系的な人材育成の仕組が整っていなかった。それは、アリンスキーが自らコミュニティ・オーガナイザーだったことにもよる。状況が変わったのは1970年代に入ってからだった。貧困という問題をコミュニティが抱えている場合、コミュニティの内部だけで連携をすすめても、広範な理解が広がらない。こうした問題を解決するためには、ミドルクラスとの連携が欠かせないが、ミドルクラスの理解と協力がなかなか得られなかったのである。そのため、アリンスキーは、継続的、計画的な人材育成とともに大学生など若者の巻き込みに歩みだしていくことになった。[10]

アリンスキーと関係が深い人材育成NPOにシカゴのミッドウェスト・アカデミーがある。ワーキング・アメリカの設立にも関与している。1973年設立でアリンスキーとともに活動したヘザー・ブースという女性によってつくられた。初期には女性がオーガナイザーとなることがほとんどなかったことから、コミュニティ・オーガナイジングにおける女性の地位向上を目指すことが当初の目的だった。活動には、コミュニティ・オーガナイザーを経験した初めての大統領であるオバマも関与してきた。トレーニングは五日間の初級コースと三日間の上級コース、三日間の監督者向けワークショップがある。講義内容は福祉型よりも社会変革型となっている。そこには、福祉型だけではミドルクラスの協力を得ることに困難が生じていた過去の経験がいかされている。

ミッドウェスト・アカデミーはワーキング・アメリカの活動を支援して、キャンヴァス・ディレクターやキャンヴァス・オーガナイザーやコミュニティメンバーの育成や課題発見等のためのトレーニングの実施やトレーニング教材の開発を行ってきた。現在では、労働組合の内部構造改革に重要な労働組合員の人材育成においても労働組合と連携するようになっている。表1の「United Association of Labor Education」は、労働組合員や学生に労働教育を実施する機関の連合だが、2014年からミッドウェスト・アカデミーも一員として加わるようになっている。[11]

6．団体交渉のオルタナティブとしての円卓会議（Round Table）

コミュニティ・オーガナイジングを活用する組織は、福祉と社会変革という二極に偏るのではなく、状況に応じて使い分けを行っている。どちらの場合においても重要なことが、さまざまな組織や人々との連携によっているということである。これは、利害調整という観点でみれば、複数の利害関係者が存在するということになる。同一のコミュニティに属しているからといって、誰もが同じ利害をもつわけではない。ましてや、社会変革のための直接行動となると、コミュニティ内部を超えた連携を行う必要がある。

このような複数のアクター間の利害関係を調整する仕組として、円卓会議（Round Table）が用いられるようになってきた。その事例として、労働組合ではないが労働者を支援する組織の一つ、ロック（ROC; Restaurant Opportunities Center）をとりあげよう。ロックは、低賃金、低スキルで健康保険や年金がないままに働く労働者が多いレストラン業界で、賃金未払い訴訟や労働者への職業訓練を通じて、労働条件の向上を支援する組織だ。職業訓練を労働条件の向上に結びつけることにおいて、レストラン経営者との協力関係を構築してきた。その支部にロック・ミシガンがある。ロック・ミシガンは1950年代の黒人暴動を契機として荒廃したデトロイト市の再開発事業に参画し、市内の空き地を農地に転用して無農薬野菜を栽培するとともに、収穫した野菜を市内のレストランに納品している。職業訓練を通じた賃金上昇の道筋をつくる事業を根幹に置きつつ、レストラン起業家の育成も行っている。[(12)]

これらの事業には、農家、レストラン労働者、起業家、行政、政治家、レストラン経営者など多くの利害関係者がかかわっている。そこに、市の再開発、雇用創出、職業訓練、労働条件の向上、円滑な企業経営といったさまざまな利害がかさなる。こうした、複数の関係者が一堂に会して利害を調整する手法が円卓会議である。その前提は、コミュニティ・オーガナイジングがもたらす、さまざまな組織、人々による連携であり、福祉と社会改革の二極に偏らない方向性の舵取りが存在する。AFL-CIOが2013年の大会で提示した労働組合ではない組織との連携もこの一つである。

団体交渉は法的な枠組みのなかで行うものだが、円卓会議には参加する当事者になんら強制力が働くわけではない。だからこそ、コミュニティ・オーガナイジングという連携を促す手法や中間支援組織の存在が重要度を増してきているのである。

まとめ

アメリカの労使関係をめぐる状況が大きく変化していることは、2013年のAFL-CIO大会で明らかになった。だが、水面下では2003年にAFL-CIOがワーキング・アメリカを立ち上げたように着々と変化を続けていた。それは、団体交渉による利害調整とは別のオルタナティブとして、円卓会議による利害調整の道が模索されてきたことを意味している。

制度や組織を変更したことはもちろんのことであるが、円卓会議という強制力のない利害調整の仕組みを軌道にのせるためのさまざまな取り組みがなされてきた。それは、ワーキング・アメリカやジョブズ・ウィズ・ジャスティス、経済政策研究所、NELPといった新しい組織を立ち上げる、労働組合ではない組織と労働組合が提携関係を結ぶといったことなどを通じてである。こした制度や組織は変更したらそれだけで機能するというものではない。つなぎ役としてのコミュニティ・オーガナイジングの存在を欠くことができない。コミュニティ・オーガナイジングは人材育成と参加者の連携を促すことにより実現が可能になる。これは、換言すれば、コミュニティという一定の範囲のなかでメンバーが直接に参加する民主主義をつくるものでもある。

2014年5月にAFL-CIOのトラムカ会長は連合主催の講演会で次のように発言した。「労働組合がさまざまなことから防衛的であれば人々は労働組合に対して攻撃的になる。だが、労働組合がコミュニティの利益を守るためによりそうのであれば、コミュニティが労働組合を守ってくれる。」

コミュニティ・オーガナイジングと労働組合の歴史を振り返れば、労働組合が団体交渉や職場から一歩を踏み出すことは、かつて来た道に戻ることである。それは、労使関係システムが団体交渉と職場に限定されたものだという考え方を変えるものになっているのである。

現在、進行しているのは、安定した労働条件や社会保障の恩恵に預かることができる人の数が絞りこまれているということだ。働き方も、雇われて働くというこれまでの姿から大きく変わりつつある。この状況で、労働組合がコミュニティと手を組むことは必然であるといえるし、労使関係システムの射程も団体交渉と職場の外に向かうことは自明のことであろう。この課題が、アメリカに特殊なものなのか、日本にも当てはまるものなのか、さらなる分析が必要になることはいうまでもない。トラムカ会長が前述の講演会で発言した内容が示唆的である。

「われわれ労働組合は20年間あやまりを繰り返してきた。若者はどうして労働問題や労働運動に関心がないのだろうか、という疑問を持つに留まってきたからだ。それを変えたのは、われわれ労働組合が自ら若者のところに出向いて行き、戸口を叩き、何が課題なのかを直接聞きに行くということだった。それまでに20年間の月日を費やしたが、こうしたわれわれの失敗を日本は教訓にしてほしい。」

アメリカの変化は、制度や組織を変えただけで起きたわけでも、若者がやってくるのを待っていただけで起こったわけでもない。制度、組織の変更、人材育成、調査研究、コミュニティ・オーガナイジングの活用がセットになって起こったものである。日本においても実践的な調査研究がどうあるべきか、問う段階になったのではないだろうか。

〔注〕

(1) 貧困ラインとは、保健福祉省が毎年公表しているもので、世帯人数別の世帯年収を州別に呈示している。
(2) Penn, 2015.
(3) 請負労働者は契約相手である企業と直接の雇用関係がないため、全国労働関係法（NLRA）の下では合法的な団体交渉権を持つ労働組織として認定されない。
(4) アメリカ労働省労働統計局（BLS）2015年1月公表値。
(5) フリーランサーズ・ユニオンとイーランス・オーデスク（Elance-oDesk）による調査報告FREELANCING IN AMERICAによる。
(6) 所得：上位10%83%、所得中位層64%、所得下位4分の1層60%（2010年）。

(7) リーマン・ショック（2008年）以前には「4人に3人がフルタイム」で働いていたとするが、以後は「約9人に1人がフルタイム」で働くとなるなど、フルタイムの仕事に就く卒業生の割合が減少した。また、リーマンショック以後は20%が進学、12%が失業中であるかパートタイム・フルタイムの就職口を探していると回答している。卒業後の初職における年収は、2009年から2011年に初職に就いた卒業生と2006年、2007年に初職に就いた卒業生をと比べる10%減少した（27,000$←30,000$)。10人に4人が4年の学位の必要のない職に就いており、4年の学位がある職の年収が37,500$であるのに対して、学位の必要のない職は32,000$に留まっている。また、およそ4人に1人が金銭的理由から家族と同居をしていたり、進学を延期せざるを得なかったと回答した。1人当たりの就学ローンの額は、公立大学で18,690$、私立で24,460$だった。

(8) 2013年3月7日、イリノイ州大学とAFL-CIOイリノイ州支部シカゴ労働組合連盟が共催。

(9) 全米鉄鋼労組（USW）とスペイン・バスク地方の労働者協同組合モンドラゴンは2009年にアメリカ国内で労働者協同組合を立ち上げるための提携契約を締結し、オハイオ州クリーブランド市、シンシナティ市、ペンシルバニア州ピッツバーグ市で、太陽光発電などのグリーン・ジョブ、クリーニング等の事業を展開している。

(10) アリンスキーについては、アメリカのテレビ局PBSが制作し1999年11月1日に放送されたドキュメンタリー、The Democratic Promise: Saul Alinsky & His Legacyに詳しい。本稿もその内容から引用した。

(11) 2014年3月に実施したミッドウェスト・アカデミーへの訪問調査による。

(12) 2013年8月に実施したロック・ミシガンへの訪問調査による。

〔引用文献〕

Bobo, Kimberley A., Kendall, Jackie and Max, Steve, 2010, *Organizing for Social Change: Midwest Academy Manual for Activists,* 4th edition, Seven Locks Press.

Dunlop, John T.,1958, *Industrial Relations Systems*, Holt, New York.

Freelancers Union & Elance-oDesk, 2015, *FREELANCING IN AMERICA*: An independent study commissioned by Freelancers Union & Elance-oDesk A National Survey of the New Workforce.

Katz, Harry C. and Darbishir, Owen, 2000, *Converging Divergences, Worldwide Changes in Employment Systems*, Cornell University Press.

Kochan, Thomas A., Katz, Harry C. and Mckersie, Robert B., 1986, *The Transformation of American Industrial Relations,* ILR Press/Cornell University Press, New York.

Nussbaum, Karen, 2014, *Working America, Laboratory for Change*, 2015年5月7日 連合主催、AFL-CIOトラムカ会長講演会配布資料。

Osterman, Paul, Kochan, Thomas A., Locke, R.M. and Piore, M.J., 2001, *Working in America: A Blue Print for the New Labor Market*, MIT Press.（伊藤健市・中川誠士・堀龍二訳, 2004年,『ワーキング・イン・アメリカ―新しい労働市場と次世代型組合』ミネルヴァ書房）

.

Osterman, Paul, 2005, *Employment and Training Policies: New Directions For Less Skilled Adults*, Paper prepared for Urban Institute Conference "Workforce Policies for the Next Decadeand Beyond".

Penn, 2015, Fast-Food Strikes Reach 230 Cities, As Fight for $15 Evolves in 13th Walkout, *Daily Labor Report*, Apr. 15th, 2015.

Ruckelshaus, Catherine. and Leberstein, Sarah., 2014, *Manufacturing Low Pay: Declining Wages in the Jobs That Built America's Middle Class*, National Employment Law Project.

Stone, Charley., Van Horn, Carl. and Zukin, Cliff., 2012, *Chasing the American Dream: Recent College Graduates and the Great Recession*, Rutgers University.

Working America, 2015, *Anyone Can Join, Jobs and Democracy, 50 in 5, 2014*, Working America.

日本労働社会学会年報第26号〔2015年〕

若者就業問題の多様性と社会的包摂にむけた政策の課題

阿部　誠
（大分大学）

はじめに

1990年代に入って雇用情勢が全体として悪化するなかで、高い失業率・離職率、フリーター、ニートなど若年雇用問題が注目されるようになった。2000年代に入ると、若年失業率がピークを迎えるとともに、若年ホームレス、ネットカフェ難民などが注目されたのをはじめとして、低所得や自立した生活の困難など若者の貧困問題も顕在化し、若年問題はもっとも重要な社会問題の一つとして認識されるようになった（労働省2000、内閣府2003）。若者の就業問題は、とくにフリーターとニートなど非正規雇用や無業者の問題に焦点があてられ、「学校から仕事」への移行の問題、若者のキャリア形成の困難や社会保障からの排除などが問題とされた（小杉2006、2010、宮本2002、2012a）。しかし、最近はブラック企業、名目的な正社員など正社員の労働条件・労働環境も問題とされるようになり、若者問題は一層の広がりをみせている（今野2012）。

若者の就業問題は、当初「若者」に焦点がおかれ、早期に離職し、職に定着しない若者像、あるいは親と同居することにより、自立できないパラサイト・シングルなど、社会における「若者のあり方」が注目された（山田1999）。それは、しばしば若者へのバッシングなどにも結びついた。しかし、その後、若者の就業問題や生活問題の実態調査や議論が進むなかで、若者問題は労働市場の変化によって若者の安定した就業が困難になり、自立した生活を難しくしているという認識に次第に変化していった。その点では、今日の若者問題の焦点は若者の就業の問題であり、この背景には雇用構造の変化とその下での雇用問題があることが共通認識となっている（熊沢2006、太田2010、小杉2010、宮本2012a）。

若者政策の点では、1990年代には若者固有の政策はほとんどみられなかった。しかし、若者雇用問題への認識が広がるなかで、2000年代に入って若者を対象にした就業・雇用対策が数多く導入された。しかし、それらの政策は、はたして若者の抱える問題やニーズに適切に対応できる政策であったのだろうか。本稿は、今日の若者に対する固有の政策を整理したうえで、若者のおかれている実態に即して、それらの政策がどれだけ有効に機能しうるのかを検討し、多様な問題を抱える「若者」にたいする政策の課題について考えることを目的としている。

本稿では、こうした分析にあたって、「若者」というのは年齢的区切りであるが、何か「若者」という人々がいるわけではなく、若者のなかにも多様な人々が存在しているのであって、それゆえ彼らの抱える問題も、また、彼らのニーズも多様であるという実態に着目する。このことは、結論をやや先取りしていえば、彼らの就業、とりわけ正社員としての就業によって「自立」を促進する若者政策がもつ限界を考えることになる。そのうえで、多様な問題を抱える「若者」にどのような政策的支援が求められるのか、とくに就業に困難を抱える若者にたいする社会的包摂[(1)]の観点に立つ政策的課題に注目しながら検討したい。若者政策という場合、若者にたいする政策は雇用政策が中心と考えられがちであるが、ワーキング・プアにみられるように、雇用問題と生活・貧困問題は重なりあっている問題であり、本稿では、政策の面でも就業対策と生活支援＝福祉政策を一体的に把握してその課題を考える。

本稿では若者に焦点をあてているが、若者の問題は年齢をこえた日本の雇用問題、ワーキング・プアなど貧困・生活問題の一部を形成しており、そのなかで考える必要がある。それにもかかわらず、就業・生活問題にたいして年齢的な切り口でアプローチするのは、「若者」が職業生活と人生の初期にいる人々であり、その後のキャリアや生活・家族形成に及ぼす影響がきわめて大きいためである。したがって、若者政策は、キャリアをどう形成し、その人の生き方や暮らし方、家族の形成をいかに展望するかという点から考えられる必要がある。

なお、本稿ではいくつかの事例に触れつつ研究の課題にアプローチする。ここで使われる事例は、次の聞き取り調査で得られたものである[(2)]。

【本稿でとりあげる調査】

- 中津調査　2007年に行われたJ工業高校の卒業生男子10名にたいする聞き取り調査。
  (阿部 2009、2013)
- 岩手調査　2005年及び2008年（追跡調査）に行われた岩手県内の若者27名（男子12名、女子15名）にたいする聞き取り調査。
  (石井・木本・中澤 2010／2011、宮本 2012b)
- 沖縄調査　2009〜2010年に実施した沖縄県の工業高校及び商業高校の卒業生にたいする聞き取り調査。男子12名、女子14名が対象。
  (阿部 2013)
- 山形調査　2014年に実施した山形県の若者19名にたいする聞き取り調査。
- 臼杵調査　2014年に実施している生活困窮者自立支援のモデル事業に関する調査のなかで、臼杵市の相談窓口のスタッフからの聞き取ったケース。

1. 若者の雇用問題・貧困問題の広がり

今日の若年層の雇用問題は、基本的には、1990年代以降の失業者の増加や非正規雇用者の増加、とくに他の年齢に比して高い失業率やフリーターといわれる非正規雇用者の大きさ、そして無業のニートの問題などである。雇用関連のデータをみると、最近は雇用情勢がかなり改善されているが、1990年代以降2000年代にかけての失業率の上昇や非正規雇用の増加といった点は全年齢に共通した現象であり、若者に固有ではない。若者の雇用・失業問題の本質は、日本の雇用構造の変化が労働市場に新規参入する若者に集中して影響を及ぼし、問題が顕在化したという点にある。それは、たとえば1990年代以降の新卒者への求人数の減少に現れている[(3)]。この背景には、経済成長率の急速な低下、産業構造の変化、新規採用の抑制や雇用ポートフォリオにみられるような企業の雇用管理の変化などがあると考えられる。

一方、若年者の貧困は、従来はあまり問題とされてこなかったが、若年ホームレスやネットカフェ難民などが社会的に注目されるなかで、多くの書籍でとりあげられ、調査研究も進むようになった。ただし、ホームレスやネットカフェ難民などは一つの現象形態であって、若年者の貧困問題はもっと幅広い。低所得・不安定な収入、親からの自立の困難、あるいは結婚や家族形成の困難、家族が相互に依存しあうなかで自立ができない関係など、そこには多様な問題がある（岩田 2011、湯浅ほか 2009、内閣府 2003、宮本 2012a）。加えて、雇用保険、住宅など生活保障の欠如をあげることもできる。しかし、パラサイト・シングルといわれたように、若者の場合は、親との同居によって貧困が潜在化する傾向があり、一般にはみえにくいということができる。

若者に限られないが、今日の貧困問題の焦点はワーキング・プアにあり、雇用問題がその背景にある。若者の貧困問題も全体としてはこうした問題のなかで理解できる。たとえば、非正規雇用の若者の賃金は、**図1**に示されるとおり、月額10万円以下の者が3割にも及んでおり、低所得が問題となることがわかる。若年者の問題が、他の年齢に比べて特別の問題をもつとすれば、その影響がキャリアや結婚、家族の形成、社会保障への加入などを通じて、生涯に長く影響することにあるということである。

一方、ジェンダーの観点から若者の就業や貧困の問題をみることも重要である。パートタイムを中心して、非正規雇用は女性の比率が高く、ジェンダー格差が大きいことは知られている。若年者についてみても、非正規雇用者は女性の比率が

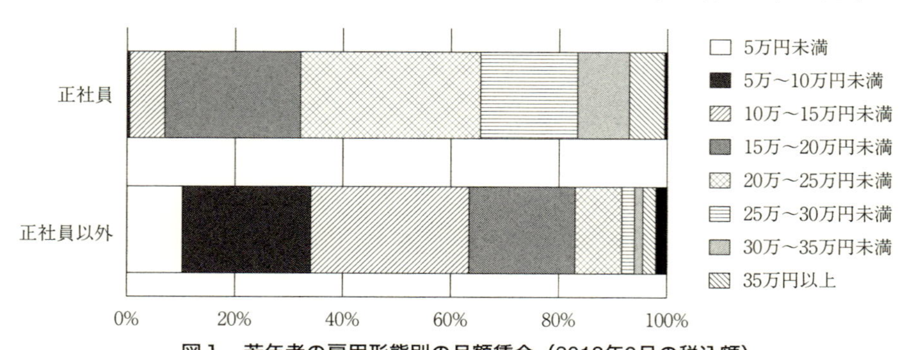

図1　若年者の雇用形態別の月額賃金（2013年9月の税込額）

出所：厚生労働大臣官房統計情報部「平成25年若年者雇用実態調査」。
対象は15～34歳の若年労働者。

かなり高い[(4)]。こうした女性の非正規雇用者の多さは、その低賃金を媒介項にして女性の「貧困」、自立した生活の困難に結びついている。ただし、親との同居や結婚を通じて女性の貧困問題は隠され、みえにくい。しかし、親に依存した生活は、親の所得や生活次第で脆弱性をもっているし、また、結婚による生活の安定も、また配偶者の低所得によって揺らぐ（宮本 2012b: 59-62）。とくに非正規雇用者同士の共稼ぎは、生活困難の共有、ギリギリの生活を強いることになる。女性の貧困は隠されていても、消失するわけではないので、家族のあり方、世帯単位での生活によって不安定化することは避けられない。その一方、女性の未婚・離婚の増加は、女性の貧困を顕在化させる。とくに、増加する女性の単身世帯では、非正規雇用等の不安定・低賃金就業であれば、それが貧困につながり、生涯にわたって貧困が継続することにもなる。

ところで、若者の雇用問題にせよ、貧困問題にせよ、それは若者全体の問題であるわけではない。若者のうち、高校、大学を卒業後にスムーズに正社員を中心にした職場に移行する若者は多い。もちろん正社員であれば就業問題がないわけではなく、名目だけの正社員、正社員といっても非正規雇用者と同じような低賃金の者なども少なくない。後に述べるように、我々の調査でも、とくに地方では正社員と非正社員の賃金の差は小さいことが明らかになった。また、最近はブラック企業の問題も注目されており、正社員であれば労働条件が良好であるわけではない。一方、新卒者の転職率が高いことも知られており、正社員についても転職して非正規雇用者になる者も少なくない。正社員にもこうした問題はあるが、学卒後に正社員となって、初期キャリアを順調に形成した場合には、比較的問題が少ない。

一方、これまでの若者に関する調査研究等によって脆弱性をもつ若者の存在はよく知られるようになった。学卒後の就職がうまくいかずに失業したり、失業等をはさみながら非正規雇用を継続する若者など、いわゆるフリーターの問題は若者の就業問題の中心ともいえる（小杉 2002、2010）[(5)]。学卒後にいったんは正社員になっても、早期の転職を契機としてフリーターになってゆく若者も少なくない。ここでの問題の一つは、1990年代以降失業者や非正規雇用者の増加にみられるように安定した雇用機会が減少したことであり、その結果として正社員を希望しながらも、そこに就職できない若者が少なくないことである[(6)]。この問題の解決のためには、安定した雇用機会が増えることが重要であり、実際にも、経済環境が改善し雇用が拡大した局面では、若者の就職率も向上している。

しかし、学校から職業生活への移行が必ずしもうまくいかず、非正規雇用についても、職業能力の修得や職業的アイデンティティが確立できれば、その後のキャリア展開が可能となり、その人なりの職業人生を送ることもできるようになる（伊藤 2013）。また、技能や幅広い職業能力を高めることが安定したキャリアの形成につながる者もいる。非正規雇用から正社員になる者、また、非正規雇用でも職業的安定を得る者もいる（阿部 2013: 28）。

しかし、社会のなかで生きる場所をみつけられなかったり、うまく職業生活に入ってゆけない若者の問題、とくに就業困難な若者の存在は、もっとも難しい問題である。これらの若者は、フリーターの一部やニートなどとして認識されることが多いが、そこには、就業未経験者や長期にわたる若年失業者、非正規雇用と離職・失業状態を繰り返す者など多様な姿がある。このなかには、引きこもり、障害をもつ若者、人間関係を築けない若者など、さまざまな就業以外の問題を抱える若者も含まれる。

日本型ニートについては単に就業意欲が低い若者とみることはできない。小杉（2005）は、その特徴について、男性が過半を占めていること、低学歴者が多く、学歴の低さが就職困難、あるいは就業意欲の喪失につながっていることを明らかにしている。また、新卒採用の雇用情勢の悪化が、ニートに結びついていることも示している。しかし、就業を希望する者が4割にのぼり、必ずしも就業意欲を失っているわけではない（同: 8-18）。ニートになる背景には、労働市場の縮小とともに、学校から職業生活への移行を困難にする多くの社会的な要因があることが指摘されている。家庭の面でも、ニートになる若者は低所得階層が多いという大きな特徴をもっている。

このように、若者といっても、その抱える問題は多様である。これに加えて地域という視点を入れると、若者の抱える就業、生活問題は地域によって異なるのであり、とくに地方圏ではさらに困難な問題があることが明らかになる。筆者は、地方圏の若者たちに焦点をあてた共同調査に取り組んできた。これらの調査からみえてくる特徴として、第一に、雇用機会は地域産業構造に規定されるが、全体として良好な就業機会が乏しく、正社員としての安定したキャリアの展開が難しいことがある。第二に、その裏返しとして安定した就業機会として公共部門が重要である。この点と関係して、第三に、公共部門の非正規雇用が若者のキャリア展開に一定の影響を及ぼしている。第四には、正社員でも低賃金の職が多いため、正社員と非正規雇用者の賃金・労働条件の差が小さく、両者の間のカベを低くしている。そうしたなかで、正規職員と非正規雇用者の間の流動が進んでおり、女性を中心にして必ずしも学卒時の初職がその後のキャリア展開を規定していない。第五には、職業的安定を得るうえで自営業の位置が依然として小さくないことがあげられる。

地域に雇用機会が乏しくても地域で求職・就職する若者は多く、それが非正規雇用、不安定・低賃金雇用が多くなる傾向に結びついている（阿部 2013: 30-32）。また、非正規雇用と正社員とを移動しつつ流動化する若者たちの姿もみえてくる。地域労働市場の状況によって若者の就業行動は大きく規定されるのである。

2．日本における若者政策の展開とその特徴

労働市場にたいする政策としては、規制政策、雇用の創出や雇用を誘導する政策、労働力需給のマッチングをはかる政策、失業にたいする生活保障政策などがあげられる。日本では、雇用調整助成金制度をはじめとして各種の雇用関係助成制度があり、助成金を通じて雇用を誘導する政策が大きな比重を占めている（http://www.mhlw.go.jp/stf/seisakunitsuite/bunya/koyou_roudou/koyou/kyufukin/）。これが失業の発生を防止しているようにもみえるが、労働市場の構造自体や労働力需給の構造を変えることはできないので、その機能は限定的である。自由な市場経済の下では、雇用政策の柱は職業紹介、職業訓練といった労働力のマッチングや需給調整となる。1990年代の雇用情勢の悪化の下では、職業紹介、職業訓練を中心に、助成金制度も含め多くの緊急雇用対策がとられた。しかし、1990年代以降の雇用問題の背景には、経済成長の終焉による雇用機会の減少や経済のグローバル化による雇用の縮小などがあり、これらの政策は限られた役割しか果たしていない。1990年代以降の経済成長の終焉により雇用の基調が変化するな

かで失業者数が長期にわたって増加・高止まりしていたことは、このことを示している。

そこで重要になるのは雇用機会を創出する政策である。その中心は「景気対策」などといわれる公共事業・公共投資であり、1990年代以来それに支えられた雇用拡大政策が繰り返しとられた。しかし、それにもかかわらず、今日の職業構造の下では、こうした政策は有効な雇用機会を生み出せないばかりか、財政悪化をもたらし、継続が困難になっている。実際にも2000年前後からは「財政再建」がめざされたこともあって、公共投資が縮小し、公共投資を通じた雇用機会の創出は困難となった。こうしたなかで注目されるのは、2000年代に入って緊急雇用対策のなかで取り組まれた、ふるさと雇用再生事業、緊急雇用創出事業など、地域のニーズに即した雇用をつくろうとする地域雇用創出政策である。これらの政策は、地方分権の動きのなかで、地域が主体となる地域づくりを推進したという点では、一定の意義があったとみることができる。しかし、雇用政策としては、その規模や就業機会の広がり、そして継続性などの点で限られた役割しか果たしえなかった（阿部 2011: 23-25)。

一方、生活保障の政策をめぐっては、2000年代に雇用問題が深刻化し、ワーキング・プアが社会問題となるなかで、セーフティネットの機能不全が指摘された（湯浅 2008)。日本の生活の保障は、正社員の長期雇用を基礎にして、企業福祉や家族に依存しつつ構築されてきたが、1990年代に入って非正規雇用が拡大するなかでそれが崩れたため、有効に機能できなくなった。社会保障については、皆保険・皆年金を中心とした社会保険を軸にして形成されており、それを公的扶助が補完する構造となっている一方、社会手当などの第二のセーフティネットはほとんど成立していない。そのなかで、失業しても雇用保険の失業給付を受けられない人々が多数を占めていること[(7)]、また、非正規雇用者は被用者保険へ加入することが難しく、**図2**にみられるように、若者のなかに社会保険に未加入の者が一定の比率を占めていること、さらに、生活保護は稼動年齢の者の受給が困難であることなど、雇用構造の変化にたいして、社会保障は十分に機能していないというべきである。こうしたことに加えて、雇用政策と福祉・生活困難対策は分離しており、両者の連携は弱い。失業や不安定・低賃金の雇用につくことによ

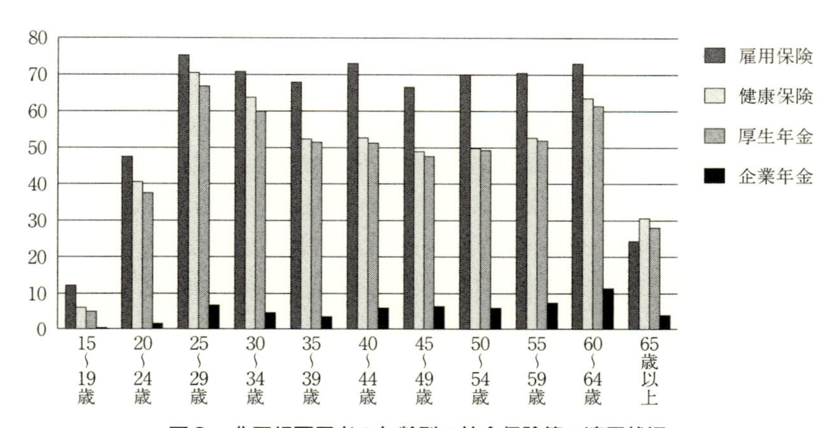

図２　非正規雇用者の年齢別の社会保険等の適用状況

出所：厚生労働大臣官房統計情報部「平成22年就業形態の多様化に関する総合実態調査」。

って生活が不安定化しても、生活保護を受給することも困難であって、それにたいする社会保障や福祉施策は乏しかったということができる。これは、「就業していれば生活できる」という考え方が強いためということができるが、こうした見方では、雇用問題が貧困・生活問題に結びついているワーキング・プアの抱える問題に対応できないということができる。

さて、若年失業が早くから問題となった欧米とは異なり、日本では、1980年代まで若年者の雇用問題・貧困問題がほとんど認識されてこなかったため、若者にたいする固有の政策が出てくるのは遅れた。1999年の第9次雇用対策基本計画で若年雇用対策が柱の一つとされ、若者が積極的な支援対象に位置づけられたが、未就職学卒者にたいする職業意識の啓発、就職支援、就業体験の拡大や早期離転職を繰り返す者への再就職支援などにとどまった。若年雇用問題が、若者の意識や忍耐力などの問題としてとらえられていたとみることができる。若者にたいする最初のまとまった政策といえるのは、2003年の「若者自立・挑戦プラン」(http://www.meti.go.jp/topic/downloadfiles/e40423bj1.pdf) である。この政策では「当面3年間で人材対策の強化を通じ、若年者の働く意欲を喚起しつつ、全てのやる気のある若年者の職業的自立を促進し、もって、若年失業者等の増加傾向を転換させることを目指す」とされ、若者を対象にして省庁をこえた対策がとられた。「若者自立・挑戦プラン」によって、若年雇用問題が深刻な問題になりつつあり、それにたいする政策的対応が必要であるという認識は明確になったが、「やる気のある若年者の職業的自立を促進」といったところにみられるように、依然として若年雇用問題の要因が若者側の意識にあるといった見方が示されている。具体的な取り組みとしては、ジョブカフェでのカウンセリング、若者自立塾、キャリア教育の推進などがあったが、それが若者就業問題を解決するようなものとはならなかった。その後、2005年には「フリーター20万人常用雇用化プラン」が出されて正社員化がめざされ、実際にもフリーターは減少したが、それは2002年以降雇用情勢が改善されたことの結果であり、政策的な効果が大きかったとはいえない。というのも、雇用情勢が厳しかった時期にフリーターになった年長フリーターが増加しており、彼らの正社員化が進んだわけではなかったからである。その後も、若者の就業問題にたいする社会の関心が高まるのに対応して、トライアル雇用、ジョブ・カード、日本型デュアルシステムなどの施策が順次とられていった。また、2006年には、地域若者サポートステーション事業がはじまっている。

今日、厚労省のホームページなどをみると、同省が管轄する若者政策として次のようなものがあげられている（http://www.mhlw.go.jp/stf/seisakunitsuite/bunya/koyou_roudou/koyou/jakunen/wakamono/index.html）。

・わかものハローワーク、わかもの支援コーナー
　正規雇用を目指す若年者（おおむね45歳未満）を対象に、応募の仕方、仕事の探し方、仕事への不安・疑問・悩みへの相談、履歴書などの作成相談や面接指導を行う。また、正規雇用就職に向けた支援プランの作成、きめ細かい職業相談や紹介、アドバイス、各種セミナーを開催する。
・ジョブカフェ
　都道府県が主体的に設置する、若者の就職支援をワンストップで行う施設。厚生労働省も、都道府県の要望に応じてジョブカフェにハローワークを併設し、職業紹介等を行う。
・トライアル雇用

職業経験、技能、知識等から安定的な就職が困難な求職者について、ハローワーク等を通じて一定期間試行雇用した企業への助成。求職者の適性や業務遂行可能性を見極め、求職者および求人者の相互理解を促進する。

・求職者支援制度

雇用保険を受給できない求職者を対象に、無料の職業訓練を実施し、収入・資産等の一定の要件を満たす者に対して職業訓練の受講のための給付金を支給するとともに、ハローワークでの積極的な就職支援により早期の就職を支援する。

・ジョブ・カード

キャリア・コンサルティングを受けながら、自らの仕事に関する興味・希望や適性・強みなどを整理して、それらを書きこんでいくツール。作成したジョブ・カードを応募書類として活用する。

・地域若者サポートステーション

働くことに悩みを抱えている15歳〜39歳までの若者に対し、キャリア・コンサルタントなどによる専門的な相談、コミュニケーション訓練などによるステップアップ、協力企業への就労体験などにより、就労に向けた支援を行う。

これらの施策のうち、求職者支援制度は、2009年の「緊急人材育成・就職支援基金」にもとづく職業訓練と「訓練・生活支援給付金」を引き継いで2011年にはじまったものであり、社会保険と生活保護の間に位置づけられる第二のセーフティネットとして注目されるが、対象を若者に限定しているわけではない。一方、若者政策のなかでも重要なのは、2006年からはじまった「地域若者サポートステーション事業」である。これは、主にニート、引きこもりなどの若者を対象にして、キャリア・コンサルタントによる専門的相談、協力企業による就労体験などの支援サービスを行うとされており、NPOや企業に委託して2013年度は全国160か所に設置されている。就業困難な若者への「就業促進」の取り組みということができるが、実際のサポステの現場では、さまざまな問題を抱える若者の居場所づくりや相談・生活支援など、彼らのニーズへ対応した多様な取り組みが行われている。2013年の厚労省「地域若者サポートステーションの今後のあり方に関する検討会」でも、若者サポートステーションの活動が、生活困窮者にたいする生活支援策と連携をはかる必要があることが指摘されている。

これらの政策のほかに就業困難層に対する年齢をこえた取り組みとしては、2009年にはじまったパーソナルサポート・サービスのパイロット事業や2015年から本格的に実施された生活困窮者自立支援事業（2013年からモデル事業が実施されている）があり、このなかで若者の抱えるさまざまな問題にたいして支援を行っているところもあるが、これらは必ずしも若者に焦点をあてているわけではないので、若者政策ということは困難である。

いずれにしても、上記にあげたような若者に対する固有の政策は、ほとんどが若者の「就業の支援」であり、雇用政策の柱である職業紹介・相談・カウンセリング、職業訓練を中心にして、それらを「若者」に焦点化した政策ということができる。同時に、キャリア教育など若者の「意識の啓発」などによって「学校から仕事へ」のスムーズな移行の支援することも重視されている。その一方で、一部を除けば日常生活の自立、経済的支援などは重要な課題とされておらず、生活困窮にある若者にたいする経済的支援の取り組みは欠如している。生活困窮者自立支援法など若者政策の枠組みの外では一定の変化も認められるが、基本的には若者政策において貧困問題への視点が欠けている。これは、若者は支援すれば「就業」できるし、就業できれば「自立した生活」が可能になるという見方にたっているということができる。しかし、非正規雇用の増加、そしてワーキング・プア問題が突きつけたのは、従来の日本では当然視されてきた、こうした見方が崩れていることである。

これらの政策は、正社員の雇用機会が減少するなかで非正規雇用につかざるをえない若者、働いているにもかかわらず貧困であるワーキング・プア、さまざまな事情や問題を抱え就業の困難な若者の現実をみていない。これらの政策では若者の問題を解決することにはならないであろう。

3．若者の抱える多様な就業・生活問題

若者といっても、その存在は多様である。ここでは、筆者の参加するグループが行った聞き取り調査の事例を通じて若者の抱える多様な問題を把握し、今日の

若者政策の限界や課題について考える。

雇用政策の柱ともいうべき職業紹介や職業訓練が、厳しい雇用情勢の下では十分に機能しないとはいっても、職安の職業紹介やキャリアカウンセリングなどが若者の就職につながる場合は少なくない。実際に我々の調査のなかで離転職を繰り返している者でも、正社員にせよ、非正規雇用にせよ、ともかくも就業先を確保できているケースもみられる(阿部 2013: 28)。ただし、こうした就業機会のなかには、不安定なものや低賃金なものも含まれている。とくに地方圏の場合には、正社員でも手取りで月12〜13万円程度の賃金が多くみられ、親との同居などによって生活が維持されていても、自立は困難と思われるケースもある。

(中津調査の事例)

22歳男性　高卒時は就職先が未定。その後派遣労働者として工場などで働いた後、大手メーカーの地元工場に組立工の正社員として就職した。

この事例は、地域に大手企業の雇用機会があったために正社員の就業につながったのであるが、いずれにしても非正規雇用から正社員になり、雇用と所得が安定したケースである。非正規雇用から転職して正社員になる者は少ないが(内閣府 2003: 73-74)、丁寧な職業紹介やカウンセリング、キャリアの展望などを示すことで安定した就業に結びつける取り組みは必要である。

他方、公的職業訓練については、失業対策としての離職者訓練と在職者訓練・学卒者訓練があるが、日本では企業内の教育訓練が大きな比重を占めており、公的職業訓練の果たす役割は限定的である。とくに職業訓練が就業に結びつくためには、訓練の内容、対象が問題となる。当然のことながら、一定程度公的職業訓練がキャリアアップに結びつく事例もある。

(岩手調査の事例)

27歳女性　小売業やレジャー産業で非正規雇用を経験したのち、公的職業訓練機関で簿記とパソコンの訓練を受け、自動車ディーラーの事務職のパートに転じた。

このケースでは、そうした点で職業訓練がキャリアに結びついたということができる（石井・木本・中澤 2010: 59）。

ただし、離職者訓練の対象は雇用保険の受給者であるので、若年の未就職者・無業者や不安定な雇用者などは対象にならないことも多い。これにたいして、2009年の緊急人材育成・就職支援事業の「基金訓練」及びその恒常化をはかった「求職者支援制度」は、雇用保険の対象にならない求職者を職業訓練の対象にしており、とくに受講給付金の支給とあわせて、第二のセーフティネットとしての意義は小さくない。もっとも、基金訓練では、職業訓練の内容などの有効性や就職率が問題とされた。2011年にはじまった求職者支援訓練について、厚労省は、2013年度の受講者が74,962人で、基礎コースの就職率が83.5%、実践コースの就職率84.5%と大きな成果を示している（http://www.mhlw.go.jp/file/06-Seisakujou hou-11600000-Shokugyouanteikyoku/kyuushokusha_jisseki.pdf）。しかし、この制度で職業訓練を受講した者が量的に限られており、これを大きく評価することは難しい。また、この制度では就職支援が厳しいため、求職者のニーズに必ずしも応えられていない。就業しやすい者が対象になっている可能性もあり、高い就業率は必ずしも成果ともいえないのである（『朝日新聞』2012年10月24日）。

これらの事例に示されるように、雇用政策の柱である職業紹介、職業訓練は、たしかに一定程度機能しているということはできる。その点では、これらの機能の強化をめざした、職業経験の乏しい若者に対するきめ細やかな諸政策を充実させることは、意味がないわけではない。しかし、問題は、それで若者の雇用問題のすべてに対応できるわけではないという点である。

初職で正社員として就職しても、離職を契機として、不安定な非正規雇用になるケースは少なくないことが知られている。それは、しばしば、若者の「移り気」や忍耐力の乏しさなどに原因があるようにいわれる。しかし、実際には、若者の離職の背景には、勤め先の倒産・リストラや職場の問題、人間関係などがあることが多い。

(中津調査の事例)

22歳男性　高卒後に大手自動車メーカーに組立工の正社員として就職。グループリーダーまで昇進したのち、社内での事故を契機として会社に疑問をもち、退職。先物取引の営業、訪問販売等を経験し、現在は、小売業でアルバイト中。

この事例では、会社内での事故とそれへの会社の対応を契機として会社を「見切って」いるが、同様のケースとして、勤め先の倒産や人員整理、長時間労働などの労働条件の劣悪さなどが離職の理由となることは多い。こうしたケースでキャリア教育やカウンセリング、あるいは職業訓練が機能するとは考えにくい。むしろ、職場の問題の解決や労働条件などを整備することが優先される必要がある。

地方圏の場合には、地元に雇用機会が少ないなかで、いったん都会で就業した後に地元に戻ることが、非正規雇用などの不安定な就業につく契機となる。この場合、初職が正社員であることは、必ずしもその後のキャリアにつながらない。

(沖縄調査の事例)

24歳女性　高卒後、東京の情報処理の会社に就職したが、2年余りで退職し、沖縄に戻る。その後、職安の指示で医療事務の職業訓練を受けたが、仕事は主として派遣で、コールセンターや小売りなど多くの職場を経験した。

23歳男性　高校卒業後関東地方の自動車メーカーの開発部門に正社員として入社。仕事があわず病気になり、2年2か月で退職。沖縄に戻って、エアコンの設置・修理等の非正規雇用や派遣・アルバイトを転々としている。

地方圏では良好な就業機会が少なく、非正規雇用に就くことが多くなるが、沖縄県などの事例をみると、正社員となって大都市圏へ出るよりも、地元で非正規雇用を選択する傾向がみられる(阿部 2013)。この点では、地域に雇用機会を確保することが最大の課題となる。もちろん、各自治体などは、こうした地域産業の育成や雇用機会の確保の取り組みを行っているが、全体として非正規雇用が拡大しているなかでは、必ずしも安定した雇用機会の確保には結びついていない。

一方、これらの問題とはやや性格が異なるが、職業紹介や職業訓練では対応できない就業困難層の問題は、より深刻である。就業意欲を失っていない場合でも、無業が続いていると就業が困難になる。

（臼杵調査の事例）

29歳男性　大卒で地域の大手企業で就業の経験はあるが、離職して引きこもり。父親とともに暮らしていたが、父親が死亡し一人暮らしへ。母親、祖母ともに入院中で、家計や諸手続きなど家庭内のことなどが何もわからなくなる。収入は両親の年金と貯金だが、求職活動は行わず。相談があり、社協で支援をすることになった。現在は、就労準備としてクリーニング、農作業などの仕事を行っている。仕事は丁寧だが応用力に乏しく、またコミュニケーションは困難。

22歳女性　三世代同居の母子世帯で、母親は引きこもり気味。祖父母と母親の仲はよくないが、祖父母の年金で生活している。冷蔵庫、クーラーなどがない生活。本人は高校中退後、アルバイトなどの経験はあるが、本格的就業はしていない。就業意欲は高く、本人の希望に沿って職場体験、就労訓練などを経て、保育助手として就職したが、数日で自信を失い、退職した。

こうしたケースでは、職場見学や職場に慣れてゆく就労準備など、さまざまな就業支援のサービスが行われているが、そうしたステップを経ても一般の就業につなげることは、時間がかかるし、また容易ではないことを示している。

若者の就業問題は、そのおかれた状況によって多様である。就業困難層では、知的障害、発達障害やそのボーダー層、メンタルな問題を抱える若者が多くみられる。また、人間関係がつくれない、人間関係や職場への恐怖などの問題を抱え、継続的な就業が困難なケースがある。さらに、不登校から未就職、就業経験が長いようなケースは、就業への契機に乏しい。就労準備から一般就労への移行の困難なケースが多数にのぼっているが、それにたいして職業紹介、一般的な職業訓練などはほとんど機能しない。しかし、就業が困難でも、社会的包摂にむけた支援が必要なことはいうまでもない。

これらの若者は、病気、家計・金銭管理、日常生活の困難、家族関係など解決すべき問題を一つないし複数抱えていることが多い。家族介護などのための離職・不就業、家族の相互依存が強く、家からの独立や安定した職探しが困難など、家族も桎梏となることが少なくない。このような場合には、就業以前に病気の治療や家族、日常生活などの問題解決への支援が必要ということができる。

4．社会的包摂にむけた若者政策の課題

若者の抱える多様な問題やニーズに比べて、政府の若者政策は、「学校から職業生活へ」の順調な移行を推進するキャリア教育と能力開発、相談・情報提供などを通じた正社員への就職による「自立」にむけたものに偏っているということができる。2012年7月の「日本再生戦略」（http://www.cas.go.jp/jp/tpp/pdf/2012/2/10.20120918_5.pdf）においても、「就学支援の実施や高校・大学等での初年次からの体系的・系統的なキャリア教育の実施、地域の関係機関が連携したキャリア教育の支援体制の構築等により機会均等・キャリア教育の充実を図る。また、学校の相談・支援機能とハローワークのマッチング機能の完全連結、中小企業とのマッチング支援等により雇用のミスマッチ解消を図る」とされ、キャリア教育やマッチングの取り組みによって若者問題が解決できると考えているようにみえる。

たしかに、今日の若年雇用問題や若者の貧困の焦点が、非正規雇用などの不安定・低賃金の雇用にあり、フリーターの若者も、あるいはニートも、正社員の就業を希望している者が多いことを考えれば、正社員としての就業に向けた政策に意味がないとはいえない。しかし、今日のフリーター問題などは、そもそも正社員が減少し、非正規雇用が拡大しているなかで生じている現象である。正社員の雇用機会が増えなければ、職業紹介も職業訓練も有効には機能しえない。若者の「正社員化」を推進するのであれば、正社員の雇用機会を拡大する必要があるが、これらの若者政策にはそうした視点よりも若者の能力を高め、マッチングをはか

れば若者雇用問題が解決できるような幻想があるといわざるをえない。しかも、正社員の雇用機会が限られていること[(8)]が若者をフリーターの仕事にむかわせているなかで、こうした「正社員化」を進める政策は、若者にたいして、就業とは「正社員でなければならない」というプレッシャーをかけ、それが困難な若者を追い込んでいるともいえる。

今日、雇用者の4割近くが非正規雇用になっているなかでは、とくに労働市場に新規に参入する若者の場合は「非正規雇用」につく可能性が高くなっている。こうしたなかでは「正社員化」には限界がある。雇用形態を問うのではなく、たとえ非正規雇用であっても「ディーセント」な働き方ができる環境を整備することが必要である。ILOのディーセントワーク（http://www.ilo.org/tokyo/about-ilo/decent-work/lang--ja/index.htm）では、戦略目標として、1．仕事の創出（必要な技能を身につけ、働いて生計が立てられるように、国や企業が仕事を作り出すことを支援）、2．社会的保護の拡充（安全で健康的に働ける職場を確保し、生産性も向上するような環境の整備。社会保障の充実）、3．社会対話の推進（職場での問題や紛争を平和的に解決できるように、政・労・使の話し合いの促進）、4．仕事における権利の保障（不利な立場に置かれて働く人々をなくすため、労働者の権利の保障、尊重）の四つをあげている。またジェンダー平等は、横断的目標として、すべての戦略目標に関わっているとしている。

これらの目標は、正社員にとって重要であるばかりではなく、非正規雇用者にとっても、満たされなければならないもののはずである。しかし、非正規雇用では、これらの点の多くが確立していない。政策は、まず非正規雇用者にたいする保護・最低の労働条件の確保、公正な処遇や労働者の権利の保障、社会保障の適用などにむけられなくてはならない。

同時に、若者にとって今後の長い職業人生を考えれば、キャリアの形成は重要である。その点で、雇用形態が正社員であっても、非正規雇用であっても、教育訓練・能力開発によって、職業能力を高めることが求められる。日本の教育訓練は企業内訓練が中心であるが、非正規雇用者の場合は十分な教育訓練機会が与えられないことが多い[(9)]。若者の非正規雇用者が増加している現状をふまえれば、非正規雇用者として働く場合でも、仕事に必要な知識や技能を習得できるようにするために、若者を対象とした職業訓練の拡充も必要になろう。それは、公的職業訓練の整備とともに、非正規雇用者にたいする企業内訓練の充実の両方が求められる。

その一方、若者の貧困が問題となるなかでは、若者の生活を支える生活保障の仕組みを整備することが必要である。しかし、2000年代に入って若者政策が重要な課題とされるようになっても、若者を対象にした経済的支援の仕組みは基本的にはないし、雇用保険も、学卒未就職者をはじめとして、未加入者、受給権のない者も多い。若者の生活は従来親に依存していた部分が大きかったが、それでは将来にむけた自立が困難である。若者にとって、親元を離れて自立した生活を営み、また家族を形成するためには経済的支援が必要である。なかでも学卒未就職者への雇用保険の適用や住宅の保障は、自立のために喫緊の課題である[(10)]。また、雇用構造の変化の下で皆保険・皆年金は崩れつつあるが、若者のこれからの生活を保障するには、非正規雇用者などでも被用者保険が適用されるように、被用者保険の加入対象を見直すことが重要な課題となる。

さて、問題は就業に困難を抱えている若者にたいする政策である。彼らの抱える困難は多様であり、職業訓練やマッチング政策で対応することが難しい。また、そうした取り組みは、彼らの就業や自立に必ずしも結びつかない。それは、メンタルな問題や無業期間が長く、就業が困難な層ばかりではない。今日の産業構造の変化の下で、福祉・医療関係の職場や小売り・接客の仕事などが増加しているが、賃金や雇用の安定性を別にしても、こうした仕事には「適さない」若者も少なくないのである。製造業の仕事であれば一定の能力を発揮できた若者も、福祉関係や小売り・接客の仕事など、対人関係が求められる仕事にはむかない者もいる。

彼らの抱える問題にどのように対応する必要があるのであろうか。若者の抱える問題が多様であり、ニーズが異なっていることを考えれば、個々の問題やニーズに即した支援、すなわちパーソナルサポートが求められる。就業困難な若者にたいする支援では、実際には、地域若者サポートステーションが社会的に排除されている若者の居場所をつくったり、若者の相談に応じ、また就業にむけた準備など、各地で多様な活動に取り組んでおり、若者支援で重要な役割を果たしている。ただし、サポステはNPOや企業などへの委託事業であり、その取り組みは、団体によってかなり異なっている。

ところで、地域若者サポートステーションの機能は、政策的には「職業的自立」へむけた支援とされている。「地域若者サポートステーション事業の今後の在り方に関する検討会報告書」（http://www.mhlw.go.jp/stf/shingi/2r9852000002wqvm-att/2r9852000002wqzi.pdf）は、「サポステ事業において、ニート等の労働市場に入っていけない若者を、『働けるような若者』にし、ハローワークへの橋渡しをすることは、雇用対策として重要である。このニート等の若者を、『働けるような若者』にし、就労やその後のキャリアにつなげていく、という点で、サポステには、若者のキャリア形成を支援していく機能もある」と述べている。この報告書のなかの、ニート等の若者を「働けるような若者」にするという表現には上からの「就業促進」の考え方が表れているが、他方では、「ニート等の若者の中には、家庭の貧困、親の離婚や家庭崩壊等により、自立に必要な援助、教育を受けられないまま、失敗体験を重ね、ニートとなっている例も見受けられる」として若者の抱える多様な問題も視野に入れ、「経済的に困窮している若者に対しては、生活困窮者自立支援法の活用やそことサポステとの連携」による支援も提言されている点で、従来の若者政策とはやや異なっている。いずれにしても、「寄せられる期待に比べ、サポステの拠点数、体制等は十分でないことから、これらを強化していくことが必要である」と述べ、若者支援の点でサポステに多くの機能が求められているという認識を示している。こうした点を考えるとサポステの果たすべき役割は大きいと考えられる。

就業困難な若者は、体や心の健康、障害、家族関係や日常生活の問題等を抱えており、就業以前にこれらの問題の解決をはかり、社会とのつながりをつくることが必要になっている。最近は、若者に限られない政策であるが、2009年からのパーソナルサポート・サービスのパイロット事業、2013年からモデル事業がはじまった生活困窮者自立支援制度などがつくられ、生活・就業に問題を抱える人々に対する個別的な問題解決の支援が進められるようになっている。もちろん若者もこれらの対象になるが、サポステは若者に焦点をしぼったパーソナルサポートの実施組織になりうる可能性もあり、また、実際にそうした取り組みを進めているところもあるので、「職業的自立」にドライブするよりは、むしろ若者の生活支援を含めた幅広い問題を支援する方向にむかう必要がある。

ところで、ここでみてきた若者政策にはジェンダー視点が欠如している。すでに述べたように、非正規雇用者は、若者の場合にも女性が多く、それはとくに単身女性や一人親世帯を中心にして貧困問題に結びつく傾向がある。母子世帯の相対的貧困率の高さは、このことを示している。しかし、これにたいする政策的支援は、生活保護を別にすれば、一人親世帯に対する児童扶養手当のみである。最近は女性の社会進出、活躍の場の拡大のための取り組みの重視がいわれる一方で、たとえば単身で非正規雇用で働く女性にたいする支援はないといってよい。少なくとも「若者の貧困」への視点にたち、単身・未婚でも、一人親世帯でも、ジェンダーにかかわらず一人ひとりが自立した生活を可能にする経済的給付、社会保障の整備が必要といえよう。

一方、今日、各地で自治体やNPOなどの若者支援団体が若者の抱える問題の解決にむけた多様な取り組みを行っている。各団体の取り組みは、それぞれの考え方を反映して、居場所づくりだったり、ジョブトレーニングや就労支援だったり、多様である。

自治体の取り組みとしては大阪府の事例が知られている。大阪府では、2000年の「自立・就労支援方策検討委員会」報告書を受けて、地域就労支援事業に取り組んだ。これは、就労困難者に対する就労支援の政策であり、若者に限られるものではないが、学卒未就職の若者も重要なターゲットとされている。事業の実施主体は市町村であり、市町村による差は小さくないものの、当事者の主体性の尊重、当事者をささえる付き添い活動を中心にしたコーディネーターの役割などが重視された就労支援の体制がつくられた（福原 2007)。一方、釧路市の取り組みもよく知られているが、生活保護世帯の幅広い自立支援プログラムをつくり、このなかで民間企業の協力を得て、職場体験、就労準備などの就労支援プログラムに取り組んでいる。

一方、民間団体はより多様な活動を行っている。新潟市の「ささえあいコミュニティ生活協同組合新潟」(http://www.sasaeai-coop.com/) は、多様な取り組みを行っている。ここは、サポステ、新潟市ひきこもり相談支援センターを受託するとともに、就労支援事業所「きまま舎」コミュニティカフェ「ごっちゃ」を設立した。サポステはジョブトレーニングなどを通じた就労支援に特化、ひきこもり相談センターでは、引きこもりの若者にたいして医師・看護師の協力を得て、相談・訪問などを通じた支援をする一方で、ごっちゃは、ジョブトレーニングの受け皿であり、またB型就労施設と地域の居場所づくりとして機能している。このように、ささえあいコミュニティ生活協同組合新潟は、若者支援について機能分化しつつ、それぞれの連携をはかってトータルなサポートを進めている。一方、「栃木県若年者支援機構」（http://tochigi-yso.org/）は、企業の協力を得て、就業の困難な若者たちの働く機会をつくりだし、自分にあった働き方ができるようになることを支援している。ここでの若者の就労への支援を「中間的就労支援」と位置づけ、「①非雇用型の外部型である、②必ずお金を伴う、③若年者に特化している、④ジョブトレーナーが必ず同行する」という方法を確立した。

これらは若者支援の事例であるが、それぞれの取り組みは唯一のやり方ではない。就労や生活の困難を抱える若者の支援には多様なアプローチがありうるのであり、どれかの取り組みですべての問題が解決できるわけではない。それぞれの団体が、その特徴を生かした役割を担うとともに、相互の連携が必要となろう。若者の支援は、未成年者などを対象とする教育を別にしても、少なくとも日常生活の支援、就労の支援、メンタル・障害への支援の三つの視点が必要ということができる。さまざまな生活上の困難を抱えている若者にたいするこれらの支援を整備することによって、彼らの抱える問題の解決をはかり、彼らの生活を確立することが重要である。

ところで、就労困難な若者には、長く無業が続いているケース、体や心の健康を害しているケース、さまざまな障害をもっているケース、人間関係をうまく築けないケースなど、労働市場という場での就労が困難な場合は少なくない。これにたいして、一般就労ではなく、「中間就労」という考え方もある[(11)]。「中間就労」は必ずしも明確な概念ではなく、一般就労にむけての中間的なステップとしてとらえる考え方と一般就労が困難な人々にたいする「もう一つの就労」という見方もある。中間就労を通じて、社会的な賃金を得られる、労働市場における就業に結びつくのであれば、それは望ましいともいえる。しかし、一般就労に結びつかない場合でも、社会的包摂の点では意義がある。

（山形調査の事例）

35歳女性　長く不登校で、就業経験がほとんどない中卒者。自らの居場所である若者支援のNPOで得意のイラストを描く。これはボランティアで、所得にはつながらないが、このNPOの活動に参加して社会的な関係をもつ。

この事例をみると「就業」とは何かを考えざるをえない。ここでのイラスト描きは「就業」といえるのだろうか。通常の考え方では、イラストを描くことを通じて得られる所得で生活できるわけではないので就業とはいえないであろう。本人も就業とは意識しておらず、就業準備などのトレーニングを受け、一般就労に進もうとしているが、その一歩を踏み出すことが容易ではない。しかし、イラストを通じて社会参加を実現しており、彼女の参加しているNPO等、彼女の周囲では評価されている。イラストでは社会的な居場所はあるのである。若者支援NPOなどでは、利用者が支援側のボランティアあるいは有給スタッフとなる事例は少なくない。ボランティアと就労の間のカベは低いといえる。

就業による自立した生活は、経済的にも、また社会参加や社会的承認の点でも望ましいといえる。しかし、すべての人が経済的自立と社会参加の両方を満たせるわけではない。就業困難層といっても、そこには多様な人々がいる。そこでの「就労」も、それぞれの状況に応じて多様なかたちがあってもよいのではないか（阿部 2011: 34-35）。これら就業困難層には障害者も少なくないなかで、抱える問題点やニーズを把握し、それぞれにあった「就業」や社会参加への支援こそが重要である。そのために、個々の就業能力・意欲、生活状況・生活課題に応じた社会との関わりの道をつくることが必要であり、そこにむけた「パーソナルサポート」の確立が求められる。

むすび

本稿でみてきたように、若者といっても、若者によって抱える問題は多様であり、そのニーズも異なっている。したがって、若者一般への政策、若者を一律に扱う政策で対応することは困難である。多様な若者にあわせた柔軟な対応が求められており、個々の若者の課題に焦点をあてた多様な政策が必要ということができる。

そうした多様な若者にたいする就業支援の政策にとって重要なのは、第一にディーセントワークの視点である。これは若者に限られず、今日の雇用社会において共通した基盤として確立される必要がある。また、第二に仕事を求める若者にたいする政策としては、教育や職業訓練によってエンプロイアビリティを高める政策、職業紹介、職業カウンセリング等による就業のマッチングをはかる政策、そして地域における雇用機会の創出などである。これらの政策は、これまで比較的に確立しているが、これだけで若者の問題が解決できるわけでもない。これにたいして第三に新たな課題となっているのが、就業困難層の生活支援と多様な「就労」のあり方である。障害者も少なくないなかで、抱える問題点やニーズを把握し、解決をはかる支援が求められており、さまざまな「就労準備」「中間的就労」が用意される必要があろう。そして、そこでは、個々の就業能力・意欲、生活状況・生活環境に応じたパーソナルな対応が求められる。

一方、若者にたいする生活保障も、また重要である。それは、年金・医療保険などの社会保険にとどまらない生活の保障である。この点では、若者を主たる対象にした生活保障の政策は、ほとんどないということができるが、今日若者の貧困が問題となるなかで、若者の生活の自立を考えるならば、とくに若者に対する経済的支援が重要性となる。それは、生活の自立のための経済的給付、学卒未就職者への雇用保険、住宅の保障などである。

こうした多様な政策が組み合わされて、はじめて若者の抱える多様な問題に対応できるということができる。

〔注〕

(1)　社会的包摂については、多くの論点があるが、その一つが生活困窮者・就業困難層にたいする支援としての「就労」の位置づけである。社会的包摂の取り組みを重視したEUの政策では、就労を積極的に位置づけるアクティベーションの考え方が重視される傾向が強いといえるが、「積極的包摂」（2006年欧州委員会）において、就労アクティベーションに加えて最低所得保障、社会との関わりをもつためのサービスへのアクセスの保障にも言及されており、就労による「自立」とは異なる、多様な考え方がある。EUのアクティベーションについては、福原・中村編（2012）を参照。また、日本におけるアクティベーションの可能性についても同書を参照。

(2) 中津調査及び沖縄調査は、阿部誠、石井まこと、中沢高志による共同調査である。岩手調査、山形調査は、阿部誠、石井まこと、板本洋子、上野景一、木本喜美子、中沢高志、長須、宮下ゆかり、宮本みち子による共同調査である。臼杵調査は、阿部誠、椋野美智子、垣田裕介、廣野俊介が参加して行われた共同調査である。

(3) 厚生労働省の「新規学卒者の職業紹介状況」では、高卒者にたいする求人数は、ピークとなる1992年の163.7万人から2002年の24.3万人へ大幅に減少した。これに伴い、求人倍率も3.3から1.32に低下した。

(4) 2014年の労働力調査によれば、雇用者に占める非正規雇用者の割合（在学中の者を除く）は、男性の場合、15～24歳が25.3%、25～34歳が16.9%にたいして、女性の15～24歳は36.2%、25～34歳は42.1%であり、女性の非正規雇用比率がきわめて高いことがわかる。

(5) 新卒フリーターは、新卒時に就職が困難であったためにアルバイトなどに就いた者が多く、もととも正社員を希望した者が多い。しかし、新卒時にいったんアルバイトに就くと、その後もフリーターを続ける場合が多いが、正社員への志向は強い（内閣府 2003: 73-74, 79)。

(6) 厚生労働省「平成25年若年者雇用労実態調査」では、15～34歳の若者のうち学卒後1年間に正社員以外で労働した者について、その理由を聞いたところ、「正社員求人に応募したが採用されなかった」が27.4%ともっとも多く、次いで、「自分の希望する会社で正社員の募集がなかった」が16.7%となっている。また、正社員以外で働く若者について、今後の働き方を聞いた質問にたいして、「正社員として働きたい」が47.3%、「正社員以外の労働者として働きたい」が28.7%であった。正社員を希望する者が多いことは明らかである。

(7) 厚生労働省「雇用保険事業年報Ⅰ　2010年」では、離職等のため雇用保険の資格喪失した者のうち、雇用保険の基本手当初回受給者は、24.8%にすぎない。残りの人々は基本手当を受給していない。

(8) 厚生労働省の一般職業紹介状況によれば、2015年5月の有効求人倍率は1.19であるのにたいして、正社員の有効求人倍率は0.75にとどまる。経済環境の改善とともに雇用情勢の改善が進み、労働力の需給関係は改善されたが、非正規雇用の求人が多く、正社員の有効求人倍率は依然として低いままである。

(9) 厚生労働省「平成25年若年者雇用労実態調査」では、企業にたいし人材育成の方針を聞いているが、若年正社員にたいしては「長期的な教育訓練等で人材を育成」が51.7%、「短期的に研修等で人材を育成」が26.6%、「特別な研修等は行わず、社員自身に任せる」が13.8%なのにたいして、正社員以外の若年労働者については、それぞれ19.1%、38.3%、17.7%となっている。企業は、非正規雇用者にたいする長期的な教育訓練には消極的なことがわかる。

(10) 埋橋（2011）は、OECDのレポートにもとづいて、セーフティネットの国際比較をしているが、そのなかで「職業経験のない20歳の失業者」、すなわち失業保険に未加入の若者にたいする失業給付について、失業保険給付または失業扶助給付がある国が、OECD 28か国中11か国にのぼることを指摘している（137-138頁）。
(11)「社会保障審議会生活困窮者の生活支援の在り方に関する特別部会報告書」でも「中間的就労」について言及されている。
(http://www.mhlw.go.jp/stf/shingi/2r9852000002tpzu-att/2r9852000002tq1b.pdf)。

〔参考文献〕

阿部誠、2009「若者の就業行動の地域的特性―大分県における高卒者の就業動向―」『地域と経済』第2号。
―――、2011「雇用構造の変化の下における社会政策と就業」『大分大学経済論集』第63巻第3号。
―――、2012「専門高校生の進路希望と就職の実態」『大分大学大学院福祉社会科学研究科紀要』第17号。
―――、2013「地域労働市場における若者の就業行動」『大分大学経済論集』第65巻第3・4合併号。
石井まこと・木本喜美子・中澤高志、2010／2011「地方圏における若年不安定就業者とキャリア展開の課題（上）・（下）」『大分大学経済論集』第62巻第3・4合併号、第5・6合併号。
伊藤大一、2013『非正規雇用と労働運動』法律文化社。
岩田正美、2011「家族と福祉から排除される若者」宮本みち子・小杉礼子編『二極化する若者と自立支援』明石書店。
埋橋孝文、2011『福祉政策の国際動向と日本の選択』ミネルヴァ書房。
太田聡一、2010『若年者就業の経済学』日本経済新聞出版社。
熊沢誠、2006『若者が働くとき』ミネルヴァ書房。
小杉礼子、2002『自由の代償／フリーター』日本労働研究機構。
―――編、2005『フリーターとニート』勁草書房。
―――、2006「職業生活への移行支援と福祉」『社会政策学会誌』第16号。
―――編、2009『若者のはたらき方』ミネルヴァ書房。
―――、2010『若者と初期キャリア』勁草書房。
今野晴貴、2012『ブラック企業』文春新書。
筒井美紀・桜井純理・本田由紀編、2014『就労支援を問い直す』勁草書房。
内閣府編、2003『平成15年度国民生活白書』ぎょうせい。
労働省、2000『平成12年版労働白書』ぎょうせい。
福原宏幸・中村健吾編、2012『21世紀のヨーロッパ福祉レジーム』糺の森書房。
福原宏幸、2007「就職困難者問題と地域就労支援事業」埋橋孝文編『ワークフェア』法律文化社。

宮本みち子、2002『若者が「社会的弱者」に転落する』洋泉社。
――――、2012a『若者が無縁化する』ちくま新書。
――――、2012b「若年不安定就業者の経済的移行と家族形成の実態」『日本労働社会学会年報』第23号。
山田昌弘、1999『パラサイト・シングルの時代』ちくま新書。
湯浅誠、2008『反貧困』岩波新書。
湯浅誠・富樫匡孝・上間陽子・仁平典宏編、2009『若者と貧困』明石書店。

〔URL〕

「日本再生戦略」
http://www.cas.go.jp/jp/tpp/pdf/2012/2/10.20120918_5.pdf 最終アクセス、2014.10.22。
ILO「ディーセントワーク」
http://www.ilo.org/tokyo/about-ilo/decent-work/lang--ja/index.htm 最終アクセス、2014.10.25。
雇用関係給付金制度
http://www.mhlw.go.jp/stf/seisakunitsuite/bunya/koyou_roudou/koyou/kyufukin/ 最終アクセス、2015.7.10。
「若者自立・挑戦プラン」
http://www.meti.go.jp/topic/downloadfiles/e40423bj1.pdf 最終アクセス、2014.10.25。
若者にたいする厚生労働省の政策
http://www.mhlw.go.jp/stf/seisakunitsuite/bunya/koyou_roudou/koyou/jakunen/wakamono/index.html 最終アクセス、2014.4.6。
「求職者支援制度」
http://www.mhlw.go.jp/file/06-Seisakujouhou-11600000-Shokugyouanteikyoku/kyuushokusha_jisseki.pdf 最終アクセス、2015.7.13。
「地域若者サポートステーション事業の今後の在り方に関する検討会報告書」
（http://www.mhlw.go.jp/stf/shingi/2r9852000002wqvm-att/2r9852000002wqzi.pdf 最終アクセス、2014.10.25。
ささえあいコミュニティ生活協同組合新潟
http://www.sasaeai-coop.com/ 最終アクセス、2015.7.10。
「栃木県若者支援機構」 http://tochigi-yso.org/
最終アクセス、2015.7.10。
「社会保障審議会生活困窮者の生活支援の在り方に関する特別部会報告書」
http://www.mhlw.go.jp/stf/shingi/2r9852000002tpzu-att/2r9852000002tq1b.pdf 最終アクセス、2015.7.10。

研究ノート

1　「限界集落」における労働力の状態　鎌田とし子　鎌田　哲宏

日本労働社会学会年報第26号〔2015年〕

「限界集落」における労働力の状態

鎌田とし子
（旭川大学）
鎌田　哲宏
（旭川大学）

1．研究の目的

（1）問題の発見

「限界集落」概念の生みの親である大野晃氏[(1)]によれば、集落における65歳以上の高齢者が集落人口半数を超え（高齢化率）、集落を維持するために必要な共同作業さえできなくなった集落（集落機能の低下）のことを指し、高知県の過疎地域に住む村民が「もう限界だあ」と言ったところから名付けたという（本人談）。われわれが「農村社会学」を学んだのは、およそ半世紀前の1970年代のことである。ちょうど「高度成長期」で、兼業農家が増加し、跡取りや世帯主までもが逞しく発展していく工業都市へと流出していった時代であった。札幌近郊の一農村を悉皆調査して、農民の階層区分の指標を探り当てる研究をしていた当時は、不徹底な階級分解がこの国の階級闘争のあり方を規定していることに不満を抱いていた。その後「重化学工業都市」の労働者研究に没頭することになり、「農村問題」から遠のいて半世紀が経つうちに「限界集落」が急増しており、ここまで深刻化しているとは知らなかった。

急に農村へと引き戻され「限界集落」調査研究に携わることになった経緯は、職場が北海道北部地域に位置し、止めどなく人口減少が進み空き屋と耕作放棄地が拡がるといった問題地域のまっただ中に位置していたことにある。新設学部に請われて就任した大学の建学理念が「地域に根ざし、地域を拓き、地域に開かれた大学」にあったことに加え、周辺の地域問題が深刻化していたこともあって、「限界集落」研究を自らに課した。

幸い10人の教員による研究チームが文科省に提出した『北海道における「限

界集落」の維持・再生に関する実証的研究』に3年間の研究費が付いたことをきっかけに、2013年から今日まで2つの集落調査を実施し、本年度は最終年次の調査に取りかかっている。

3つの地域の選定は、第1年度は歯止めなく人口減少が進む「音威子府村」の「S集落」(農村)「限界集落」、第2年度は減少しつつも何とか維持している「増毛町」の「B集落」(漁村)「維持集落」とし、第3年度は人口が増加し発展の可能性も見られる「東川町」の一集落(農村)を「再生集落」と仮定した。実は東川町は旭川市の郊外に位置し地理的条件が有利に働いているため同一に論じられないと考え今回はこれを外し、第1年度の調査に入る前年にプリテストの意味で実施した典型的な限界集落であった「幌加内町」の「M集落」(もと酪農村、「限界集落」)を加えて3箇所を分析することにした(**図1**参照)。

TPP交渉が進展する中、高齢化と過疎化が同時進行する北海道の寂れゆく農漁村は今後どこに向かっていくのか。苦境に立たされた自治体の模索を追い、今後脱出する方向性を探るのがこの調査研究の狙いであった。

現在調査を終えたのは前記3つの農・漁村であるが、この調査が「集落」を単

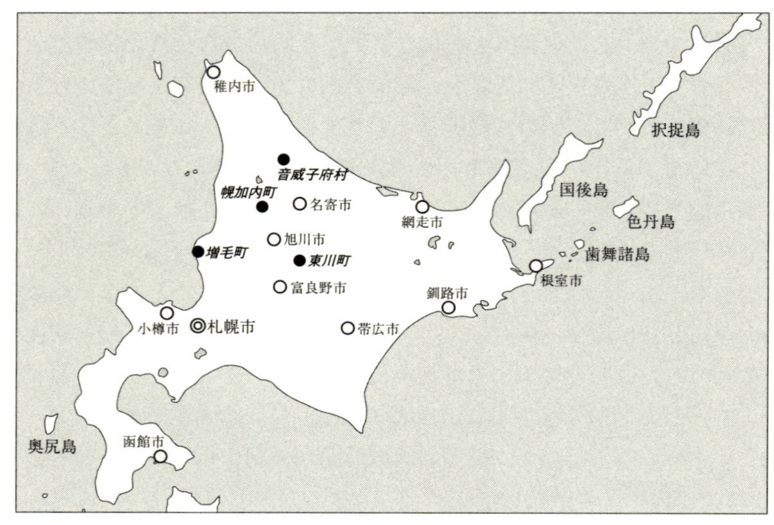

図1　調査対象地(●斜体)

位とする「悉皆調査」という手法を選択したため、数は少ないが「質的調査」が可能になり実に貴重な結果が導き出される結果となった。昨今、商業ベースの調査会社に依頼して調査票作成から、集計・分析まで業者に丸投げする「調査」が横行しているせいか、出回っている「報告書」には似たような「住民の意見調査」が数多く見受けられる。かと言って社会学の王道に立って各戸の訪問・面接・自由回答の聴き取り方法を重視すると、調査は困難をきわめることになり、得られる票数は限られてくる。加えて昨今「個人情報保護」の風潮が横行し、行政から住民の名簿さえ出てこない状況下で、10年も前に業者が作成した電話帳をもとに、手探りで民家を探り当てるという困難をきわめる調査になった。ただしわれわれの調査は1戸当たり2人の調査員が各世帯を訪問し、約半日をかけて聴き取った後も、補足調査によって穴を埋めていく地道な調査によって手にした得がたい資料である。こうしたインテンシブな調査は、個人情報保護の規制がかかる今後はますます困難が予想される。

実際に歩いてみなければ得られない発見は数多くあったが、「日本労働社会学会」のメンバーにとって関心があるのは、「限界集落」には一体どんな人たちが住んでいるのか、何によって生計を立てているのか、どんな仕事を求めているのか、といった「労働力状態」の分析であろう。かねてから農漁村には「相対的過剰人口」が失業者のプールとして存在していると言われてきたが、実態はどうなのか。今回の報告はこの一点に絞って、得られた知見を伝えることにしたい。

(2) 労働力の定義と分類

ここで用いる「労働力」とは、政府統計調査の概念とは異なる使い方をする。つまり15歳以上65歳未満人口を指すのであれば、65歳以上人口が半数を超えるむらでは該当者自体が少なくなってしまう。それでも農業や漁業は営まれ、住民は収入を得て生活をしている。つまり幾つになっても、70代、80代になっても彼らの多くは働ける間は働いている。現在の農漁業は高齢者によって支えられているのが実態である。

そこでこの調査では年齢の枠を取り払って、労働力を本来の意味で「労働する能力」と捉え、大きくⅠ「所得を得る労働」と、所得は得られないが役に立つ労働つまりⅡ「有用労働」とに分け、仕事に就かない人をⅢ「遊休人口」に分類することにした。

Ⅰの中は、自営業（農漁業、事業）と、賃金労働者に分け、後者をさらに正規雇用者と非正規雇用者に分類した。

Ⅱの「有用労働」とは、無償の「家事・育児・介護労働」、「ボランティア」、「家庭菜園労働」である。これらの労働は所得は生まないが、生活にとって欠くことのできない再生産を担う労働である。ひと頃シャドウ・ワークと呼ばれ、これを担う女性労働が無視されていることへの問題提起があったが、金額に換算されない労働として別枠にして取り上げた。

Ⅲは、労働能力が有るか・無いかにかかわらず、現在働いていない人たち、つまり「失業者」（働きたいのに仕事がない8時間働きたい失業者と、8時間未満で4〜5時間程度働きたい半失業者）の他に、「高齢者」（高齢者のうち働きたくない人)、「傷病者」、「未成年者」がいる。

ⅠとⅢについてはほぼ納得がいく。しかしⅡについては説明が要る。「育児」「介護」が他の人間の再生産労働であることに異論はないが、「家事」は自分自身の日々の労働力再生産のための労働を含んでいる。「主婦」という仕事は、家族員がいてこその役割であって、独り者が自分自身の家事をしても主婦とは言われない。この曖昧さをなくすためには、自分自身の再生産労働は「やって当然のこととしてカウントしない」ことにし、他人の生の再生産に関わる「育児」と「高齢者介護」「障害者介助」に限定したらどうだろう。そうすれば、女性であればすべて「主婦」と名乗っている「無職者」を選別することができる。「限界集落」では人手がなくて窮地に立たされているのだから、1世帯に1人の主婦を配置することを認めるのは贅沢と言わねばならない。まして自分自身のために必要な家事を仕事とは言わないことにした。

次に、「ボランティア」には、他人の生活支援を買って出る「福祉的な労働」と、消防団、村の草刈りや除雪といった「むらの共同労働」を含んでいた。それも現在している者と希望者の双方を含んでいた。これらは厳密に区分できなかったので「ボランティア」と一括した。さらに1人が2つまたはそれ以上の奉仕活動をしていても1つと数えることにした。また「家庭菜園労働」は、自給作物として貴重であり家計補充の意味を持っている。これらの労働は、住民の生活を支える貴重な無償労働であることに異論はないであろう。

ここでもう一つ、所得が得られる労働といっても「労働時間」と「労働の強度」をどう把握するかという問題がある。前者は時間の長短であるから計量しやすいが、後者は何らかの尺度を必要とする。そこで多くの人が目にできる身近な仕事として、男性には「高齢者事業団」での仕事、女性には「パートタイム」での仕事を目安として挙げて、「何時間働けるか」と聞いた。8時間なら「失業者」、それ未満は「半失業者」と仮に呼んでおく。厳密さを欠くが、家計調査の後に続けて「あといくらあれば助かるか」を聞いた後に「働きたいかどうか」と就労の希望を聞いておき、「働きたい」と希望している者を失業の判定基準とした。また、未成年者は今回の分析から外し、成人のみとした。

なお、この他に住民全員に対し、取得している「免許証」の種類と「得意とする技能」を尋ねておいた。人材が容易に得られない僻地においては、まさかの時の救急要員になりうると思ったからであるが、今回は取り上げない。

2．集落の特性と労働力の構成

3つの集落にはそれぞれ生産・生活環境上の特徴があり、労働力構成を大枠で規定しているので、最初に3者それぞれが持つ社会的特性の違いを述べておきたい。

(1) 幌加内町「M集落」(限界集落)

「M集落」は道北の内陸部にあって、北大の演習林があったことからその研究員と、彼らの活動を支える山林労働者家族が生計を立てるために5町歩区画の小作農となって住み着いたのが発端である。その後、戦中戦後は疎開者や引き揚げ者で600人にまでふくれあがったものの、高度経済成長期を迎えると人口は次第に減少してきた。この地でも「北海道のパイロット事業」で栄えた酪農業は、最盛期には600頭もの乳牛を飼う共同事業者（4戸）もあらわれ、飼料高騰と乳価低迷を何とかしのいで維持してきたものの、中心となる働き手の急死によってあっけなく倒産してしまった。残りの中小牧場も廃業に追い込まれ、今では農地も借金の形として差し押さえられ、全員が茫然自失の状態にある。

しかし静かな自然を求めて入ってくる新規参入者もいる。養鶏場を営む夫婦、元記者で自然愛好家の単身者（日雇い）、僻地医療を志す高齢の医師（単身赴任で町立診療所勤務）であるが、あとの住民は高齢のためほとんど無職である。なお、かつてはこの集落に常住していた演習林の研究員たちは、現在45キロ離れた名寄市に移住し通勤者となった。これも過疎化の一因である。

また、以前は山林から切り出した木材輸送のために引かれていた鉄道「深名線」（深川―名寄間）が通っていたが、輸入材に圧されて需要がなくなり廃線となると、最も近い都市は名寄市になってしまった。したがって都市以外の市街地は役場のある「幌加内町」になり、小中校に行くにも診療所に行くにも、40～50分かけてバスで通うことになった。この山深い集落に住む人びとは40人を割り、子供はたったの2人（小学生2人）で、老人が取り残された。

近くには北大の施設と、発電のため開発された広大な人造湖「朱鞠内湖」があり、天然記念物となった幻の巨大魚「いとう」が生息することで有名であるが、危険な野獣も跋扈する天然林に囲まれてたたずむ典型的な「限界集落」である。

（2）音威子府村「S集落」（限界集落）

音威子府村は、人口が1千人規模でありながら、あえて「村」を名乗ってきた天塩川沿いに開けた細長い農村である。北の原野の真ん中を滔々と流れる「手塩川」は、人の手が全く加わらない原始の森を縫いながら北上し、やがて左折して日本海に抜けていくのであるが、堂々として実に美しい川である。

水稲栽培の北限は、地図上では遙か下（南）の名寄市までとなっており、この集落には馬鈴薯やそば栽培の畑作地があるのみで、酪農業を営む家も存在した。かつては馬鈴薯を加工する澱粉工場もあったが、安価な輸入品によって駆逐されたので、現在はほとんどそば栽培農家となっている。そばは人手がほとんどかからないうえに、減反政策のもとで米から転作すれば政府から多額の補助金が出る（ただしここでは米は取れないが）ために、北海道では高齢化した農民にとって格好の作物となっている。採算が取れるようになって、今ではUターンしてくる若者世代もいるという。

この村がかつて千人規模（最大時4,300人、1954年）で推移していたのは、この地点が旭川から稚内へと向かう「宗谷本線」と、オホーツク海沿岸の平野に向かう「天北線」との分岐点にあったところから、交通の要衝をなし、鉄道員が多数混住する「まち」であったからである。その中で「S集落」は歴史も古く、かつては中心市街地として栄えてきたが、鉄道の分岐点となった「音威子府」駅周辺に新たに市街地が形成されると、役場も移転し「まち」の中心が入れ替わる。しかし「S集落」は、今でも村で最大の農業集落をなしており、同名の鉄道駅も存在したままである。

問題は、国鉄合理化で「天北線」が廃線となり、鉄道員が大量の首切りにあったことで一挙に人口が減少したこと、「合理化反対闘争」がこの地で激しく闘われたことであった。静かだった農村で、労農対立を胎内に孕む社会運動の洗礼を受けたことで住民間に思想的な対立が生じ、村の行事も2つに分かれて行うなどの齟齬が続いたが、争議終了後は組織労働者も転出し元に戻っている。つまり一般的な農村ではなく、かつて組織労働者が大量に混住する地域であったことが特徴であった。争議後、人口が急減したこの村（平成に入り千人を割る）では、村立の工芸高校を建てて若者を呼び込み高齢化率を見かけ上引き下げるなどの工夫も見られるが、卒業後の受け皿（雇用先）はなく有効な手立てをまだ打てないでいる。

どこも同じであるが、公共工事（ここでは日本海に向かうトンネル工事の雇用と、もと第3セクターで運営されていた温泉宿泊施設でのパートタイム）での細々とした雇用しか無いのが実状である。

(3) 増毛町「B集落」（維持集落）

増毛町は、人口約5千人ほどの戦前はニシンの漁場として繁栄した町である。石狩湾を日本海に沿って稚内に向かって北上すると、急峻な断崖絶壁が延々と続くその先に突如開けるまちである。開通したばかりの長いトンネルを幾つか抜けたところに、かつて最大の工事の難所であった「雄冬峠」に出るが、このトンネルを出て最初に開ける漁業集落が「B集落」である。戸数は統計では集落内3地区で100戸（1913年）となっていたが、何度訪ねても留守で現在住んでいるかどうかはっきりしない家もあって、現地で調べ直したところ82戸しかなく、そのうち調査ができたのは44戸であった。調査を拒否したのは女一人世帯が多く、理由は夫がいないことで「自ら消えている」（未亡人という語を彷彿させる）のであった。

増毛町は、ここを含めて日本海沿岸に12の集落が連なり、その中ほどに役場を擁する市街地がある。藩政時代からの歴史的建造物も数カ所保存されているのと、新鮮な海産物が食べられるとあってちょっとした観光名所になっている。
われわれの目的は、農村と比較できる漁村集落の分析であったから、この町にあって最も現役の漁家が存在している所を選んだ。その点「B集落」は小さいながらも独立した漁港（第1種漁港で、利用する漁家は約50戸）を持ち、住民の中で漁業者の割合が高い集落であった。

交通路は、札幌を起点として、海岸沿いに走る国道231号線で入るほかに、JRでは深川で乗り換えたのち、留萌経由で増毛に降り立つルートもある。いずれにしても長く陸の孤島であったことは間違いなく、高倉健主役の映画「駅」など寂れた北の果てでの哀愁が描かれている。つい最近、JRの発表では留萌経由で増毛まで運行されていた路線の2016年度廃線が決定した。

かつて「千石場所」と呼ばれニシンブームで沸き立っていた頃は、魚油と魚粕肥料生産で膨大な利益を上げ、かなりの人口規模を誇ってきたが、戦後昭和33年を境にニシンの襲来がぱったり途絶えたのを機に人口は衰退の一途を辿ることになる。しかし他町村のように一気に限界集落化へと進まず、減少しながらも何とか5千人を保って今日まで来た。

その理由は、衰退産業の素早い切り替えにあった。ニシンから加工される「かずのこ」は増毛が全国市場を制する特産品であるが、ニシンをカナダからの輸入に切り替えて対応し、水産加工業を守った。この業界は人手を大量に要するので、地元女性だけでは不足し中国から「研修生」を受け入れている。

漁業も健在で、魚種を変え、漁法を変え、また獲る漁業から育てる漁業への転換を図り、ホタテの稚貝のオホーツク沿岸への出荷、ウニ・えび・たこ漁を始めるなどの工夫をこらしている。こうした漁業には漁網の修理をはじめとする人手が必要なため、近隣の女性の雇用は欠かせない。

増毛の農業は、海岸の丘陵地帯にあって米作りには必ずしも適さないのと、生産制限によって「自給的農家」が多い。そこで戦前から営まれていた果樹栽培が見直され、丘陵に「果樹園」地帯が発展した。りんご、いちご、さくらんぼ、プラム等々、季節ごとに収穫されるこの産業も、季節によってさまざまな作業が必要とされるので、やはり雇用が生まれる。

歴史的地区の観光、新鮮な魚介類、季節ごとの果樹、海水浴を目当てに観光客も訪れるので商店も潤っていて、ここにも観光業の雇用が生まれる。

何よりも長期にわたって雇用を生み出したのは、国道231号線トンネル開通の公共工事であった。この町の農漁民は、そのお陰で冬期間出稼ぎに行かずに済むようになったと言っているが、地方にとって「公共工事」は立派な「産業」なのである。

以上のように、「維持集落」は、季節ごとに仕事を変えながら循環的に雇用を提供してくれる環境の中で支えられていたのである。これを「季節循環型兼業世帯」と呼んでおく。限界化をくい止める一つの選択肢であろう。

3. 調査の結果［I］——「M集落」の事例（表1）

チームによる調査は、研究者それぞれの専門分野を反映して一様ではない。中でも「生活の実態調査」は「限界集落」の生活の困難を探り当てる柱であったが、われわれはチームの一員として、「労働社会学」の立場から何よりも集落を構成する「住民の労働力の分析」から着手した。人口の減少、村落機能の低下による生活不能が問題となっている「限界集落」の研究にとってまず第1に点検しなければならない事項だからである。

対象となる集落の住民について、世帯数、性別、年齢は当然のこと、現在仕事に就いている人の職業、収入の種別とその額、家族人員と構成、家計費目別構成、その不足額、家計補充の必要性等々、最低限の必要事項はすべて聞いたうえで、集落と世帯を構成する人びと全員、その一人一人について「保有する労働力」の評価を行った。(2)

表1は、限界化が著しい「M集落」の実態である。労働力の定義で述べたが、

表１　集落内成人人口と労働力の状態（M集落）

	（人数）	（総成人を100とした％）
Ⅰ．「所得を得る労働」に従事する人口	(17)	(54.8)
①事業や生産に従事する人	3	9.7
②賃労働に従事する人（フルタイム労働）	3	9.7
③同　上（常用パート労働）	4	12.9
④日雇い・パートタイムで働く人	7	22.5
Ⅱ．無償の「有用労働」に従事する人口	(23)	(74.2)
⑤ボランティアに従事する人*（重複）	8	25.7
⑥家庭内労働に従事する人		
――うち家事・育児・介護労働	2	6.5
――うち家庭菜園労働*（重複）	13	41.9
Ⅲ．「遊休人口」	(12)	(38.7)
⑦失業者（8H，4H希望者）	2	6.5
⑧高齢者のうち働きたくない人	5	16.1
⑨傷病者（療養中、含痴呆症・寝たきり老人）	5	16.1
総計＝Ⅰ＋Ⅱ（うち＊は重複人口につき除外）＋Ⅲ	(31)	(100.0)

注：1　成人人口の他に、子供は2人（小学生）いるがここでは計上していない。
　　2　他の注については、すべて本文中に説明してある。

官庁統計の15～65歳までという枠を外し、「労働する能力」を持つすべての成人を対象に分類を行った結果、Ⅰの「収入を得る労働に従事する人口」は17人おり、総成人人口の約55%を占めていた。「M集落」は数の上で最も少なく、説明がしやすいので少し丁寧に例示しながら述べていこう。

(1)　Ⅰ．「所得を得る労働」

まずⅠの所得を得る労働についている人とは、その集落を成り立たせている主要な産業で働く人が中心になろう。「M集落」は畑作農業か酪農業の村であったが、現在は農民も酪農家もすべていなくなった。農業者のいない「農村」なのである。この現象は、現在至るところで出くわす。つまり農業が破壊され尽くしていたのである。

それでも世帯で所得を得ているのは誰か。まず、Ⅰのうち、①の事業や生産に従事する人が3人いる。その内訳は新規参入者夫婦が営む「養鶏業」の2人と、元からある「簡易郵便局」を支える妻1人がこれに当たる。

②の賃労働者でフルタイムで従事する人が3人いる。町立診療所に雇用される医師1人と、遙かはなれた名寄市の会社で警備職に就く男性1人、北大研究林の施設に常雇で勤務する男性労務員1人の計3人である。

③は、身分はパートであるが年間を通じて雇用される「常用パート」で、北大施設の受付に雇用される女性1人と、北大施設で働く男性2人、隣の集落にあるNPO運営の福祉施設で働く福祉専門職女性1人、の計4人である。

④の日雇・パートとは、集落外で日雇い労働に就く男性1人と、北大施設に宿泊客があった時のみ全く臨時的に賄いに雇用されて4〜5時間働く女性6人を指している。こうしてみると、その大半は北大あっての仕事なのである。

これらのうち、養鶏業主と妻、医師、元記者の計4人は、新規参入者である。無医村が多い北海道で、志高い医師が移住してくれたお陰で、この集落は宝を得た。若い頃から僻地医療を志していたというこの医師は、定年もしくは少し前に家族を九州において赴任してくれた。原生林の中に丸太のカナディアン・ハウスを建て1人で住んでいる。

新規参入者と言えば、日雇いをしている男性も、大卒後新聞記者をやっていたが、大自然にあこがれてハウスを建てて移り住んだ。自給自足生活を楽しみ、自家菜園にはあらゆる作物を植え、鹿を狩猟してタンパク質をゲットし、必要に応じて日雇い労働をして静かで自由な独身生活を謳歌している。また、養鶏場経営者もこの地が養鶏に適しているのと、静かに暮らせるので選んだとしており、「限界集落」を出ていく者もいれば、価値を再発見する者もいて動きがあること、ここにも集落再生の芽となる可能性が潜んでいる。

(2) II.「有用労働」

⑤は無償のボランティアに従事しているか、今後もしたいとする人たちであるが、IやIIIと重複しているので、成人の実人員には入れていない。仕事の内容は、草取り、消防団員、除雪作業、病院への送り迎え、高齢者の町への送り迎え、掃除の他に、高齢になってもできる労力を必要としない援助も数え上げた。

すなわち、安否確認・見守り、話し相手、病気の際の食事作り、買い物、配達物受け取り、電球取替え、重い荷の移動、菜園の草取りや庭の手入れ、ゴミ出しなどを選択肢として挙げ、該当するものを一覧表から指示してもらった。

ボランティアをしたいと答えた人は8人いた。挙げた項目は、1つが3人、3つ以上が6人いた。これからやってみたい援助に「介護」を挙げた人もいた。高齢で働けないと言っている人でも、できることがあれば何かしたいと言うのであるから、この集落にとってかけがえのない財産である。高齢社会では、働ける者は全員働くのでなければやっていけなくなったのである。

次に、⑥の家庭内無償労働のうち育児・介護につく人は2人で、これは重複しないので実人員として加算してある。1人は、101歳になる寝たきりの義母を介護する主婦、1人は小学生の孫2人の世話をする祖母である。どちらも健康体であるため、1人は介護がなければ8時間働けるとしているし、1人は家庭の農作業を兼務している。

同じく⑥の家庭内無償労働のうち、自家菜園で野菜その他の食料を生産する家内労働に従事する人で13人にのぼる。この労働は専業で従事しているわけではなく、暇を見つけて行う兼業なので実人員には入らないが、その収穫物は家計にとって重要な位置を占めることは後述する。18戸中の13戸と、ほとんどが家庭菜園を持っている。

(3) Ⅲ.「遊休人口」

次はⅢの遊休人口に分類される人たちである。ここでいう遊休人口とは、⑦の失業者（働きたいが仕事がなくて働けない者)、⑧の高齢になったので働きたくない者（同じ高齢であっても働きたい者がいる中で)、⑨のケガや病気療養中の者・寝たきり老人2人である。

ここで、失業者と臨時雇用のパート労働者をどのように把握したかを述べておこう。それは、在住する全員に対し次の質問をした。「あなたは、仕事があれば働きたいと思いますか」と聞いたうえで、どの程度の労働能力が残っているかを聞くために、基準として「高齢者事業団男子労働者」と同じ仕事で何時間働けるかと聞いた。女性には「パートタイム労働者」を基準として何時間働けるかを聞いた。その結果、男性で8時間可能と答えたのが2人であった。

⑦に分類されたこの2人は、1人が40代前半、1人が70代前半でいずれも酪農牧場倒産の結果生み出された失業者であり、仕事があれば8時間またはそれ以上いくらでも働きたいとしたので、年齢にかかわらず失業者と分類した。また女性の方は、もと夫が北大研究林に雇用されていたなどの何らかの関係者で、男女ともに臨時で4〜5時間なら働けるという者で「半失業者」とした。中には臨時で8時間働けると答えた女性が1人いたが、これは⑥に分類した介護についている人で、将来解放されたら8時間働きたいと答えた。

この集落では北大の施設で若干の雇用があるため失業者は多くないが、他の集落では、住民がかなり高齢化しているにもかかわらず、失業者・半失業者を数多く抱え込んでいるという事実であった。

⑧は高齢になったので、働きたくないとしている人は5人である。いずれも健康であるが70歳を超えており、正社員の息子が同居している夫婦であるとか、妻が簡易郵便局事業を続けているとか、妻がパートで働いているとか、80代の一人暮らし女性なので年金で足りているとか、納得できる人たちである。

4．調査の結果［II］――「S集落」の事例（表2）

各集落の特徴については先に述べたが、「M集落」に比べてどんな違いがあるか検討してみる。**表2**は、人口減少が止まらない「S集落」の労働力構成を見たものである。

(1) I．「所得を得る労働」

まずIの収入を得る労働には、全成人人口90人中の45人50%がついている。高齢化は進んでいるがまだ農業を営む者がおり、中でもそば農家は転作補助金政策によって潤うこともあって健在である。ただ、雇用先が極端にない村なので、不足分を家計補充する機会がほとんどない。転作で潤う農家と没落農家が極端に分かれていく。

表2　集落内成人人口と労働力の状態（S集落）

	（人数）	（総成人を100とした％）
Ⅰ．「所得を得る労働」に従事する人口	(45)	(50.0)
①事業や生産に従事する人	37	41.0
②賃労働に従事する人（フルタイム）	6	7.0
③同　上（常用パート）	0	0.0
④日雇い・パートタイムで働く人	2	2.0
Ⅱ．無償の「有用労働」に従事する人口	(66)	(73.0)
⑤ボランティアに従事する人*(重複)	25	28.0
⑥家庭内労働に従事する人		
――うち家事・育児・介護労働	2	2.0
――うち家庭菜園労働*(重複)	39	43.0
Ⅲ．「遊休人口」	(43)	(48.0)
⑦失業者（8H，4H希望者）	7	8.0
⑧高齢者のうち働きたくない人	29	32.0
⑨傷病者（療養中、含痴呆症・寝たきり老人）	7	8.0
総計＝Ⅰ＋Ⅱ（うち＊は重複人口につき除外）＋Ⅲ	(90)	(100.0)

注：1 成人人口の他に、子供は2人（0歳と3歳）いるが計上していない。
2 生産労働とは、農業者がほとんどで、温泉・バイク事業経営者の2名を含む。
3 現在ボランティアをしている人は少なく、している人も村を維持するための共同労働を指している。
4 家事・育児労働に従事している人とは、乳幼児2人がいる、家族が多い農家の2戸である。
5「家庭菜園労働」は、他の労働と兼務している。
6 失業者のうち、8時間労働を希望している者（男子60歳）は1名で、7名は4時間ないしそれ未満の軽度な労働を希望する高齢者である。
7 働きたくない人のほとんどは、70歳を超える高齢者である。

(2) Ⅱ．「有用労働」

Ⅱの無償の「有用労働」であるボランティアも、28%が従事しているが、高齢になったためやりたい気持ちがあってもできない者が多いのと、現役で農業を営んでいる世帯では忙しいのでできないとしており、「M集落」が親族・近隣関係が密で相互援助が頻繁に行われていたのと比べると、やや人間関係が疎遠なように見受けられた。

家事・育児労働には2人が従事していた。数少ない幼児を預かる祖母で、これは他の労働と重複しない成人人口に入る。

家庭菜園労働については、45戸のうち39戸とほとんどが営んでいた。これは全成人人口のうちの43%に当たる人びとが従事していた労働であり、他の労働と重複する人口である。

(3) Ⅲ.「遊休人口」

Ⅲの「遊休人口」について、⑦の失業者は7人で8%にのぼった。Ⅰで見たように所得を得る労働に従事する人口が少ないこの集落では、年金、それも国民年金の基礎年金を受け取るだけの低額が多かったのであるが、現実に雇用の機会がほとんどないために就労希望自体が出てこないのである。

⑧の高齢のため働きたくない人は、29人32%にものぼる。⑨の傷病者の7人という多さと合わせ、集落には高齢者と傷病者が取り残され、次世代を担う子供(幼児)がたった2人というアンバランスは、考えさせられる数字であった。

5．調査の結果［Ⅲ］――「B集落」の事例（表3）

表3は、漁業集落「B集落」の労働力構成である。北海道では高齢化と過疎という流れはどの集落においても変わらないが、この集落の特徴から知れるように、主産業である漁業がまだ健在で継続していること、町全体のいち早い政策転換によって水産加工業、果樹産業、観光業などがもたらす多彩な雇用が、季節ごとに連鎖・循環しながら生み出されてきたことが各世帯の家計補充を可能にし、住民をこの地にとどまらせたと考えられる。また漁業自体が生み出す雇用は、漁獲労働だけでなく、高齢になっても可能な多様な陸仕事（漁網修理、釣り針付け替え、魚類選別等々）を常時提供するため、集落の女性が居ながらにして賃稼ぎができたことは大きい。加えて231号線の長く続いた公共工事（いまだにトンネルの崩落と補修が続いている）＝土建業が冬期の仕事も提供してくれたことも預かって力があった。

(1) Ⅰ.「所得を得る労働」

表3を見ると、Ⅰの収入を得る労働に従事する人口は、48人で約半数を占める。うち生産労働―漁業に従事する人は30人に及び、集落の基幹産業を担っている。

表３　集落内成人人口と労働力の状態（B集落）

	（人数）	（総成人を100とした％）
Ⅰ.「所得を得る労働」に従事する人口	(48)	(49.0)
① 事業や生産に従事する人	30	31.0
② 賃労働に従事する人（フルタイム）	5	5.0
③ 同　上（常用パート）	6	6.0
④ 日雇い・パートタイムで働く人	7	7.0
Ⅱ. 無償の「有用労働」に従事する人口	(68)	(70.0)
⑤ ボランティアに従事する人*（重複）	22	23.0
⑥ 家庭内労働に従事する人		
――うち家事・育児・介護労働	12	12.0
――うち家庭菜園労働*（重複）	34	35.0
Ⅲ.「遊休人口」	(37)	(38.0)
⑦ 失業者（8H，4H希望者）	14	14.0
⑧ 高齢者のうち働きたくない人	20	21.0
⑨ 傷病者（療養中、含痴呆症・寝たきり老人）	3	3.0
総計＝Ⅰ＋Ⅱ（うち＊は重複人口につき除外）＋Ⅲ	(97)	(100.0)

注：1 成人人口の他に、子供は14人（うち乳児1人、幼児3人、小学生10人）いるが計上していない。
2 生産労働とは漁業者で、夫の漁業手伝いを兼ねる妻と子も含まれる。
3 現在ボランティアをしている人は少なく、してもよいと答えた者が多い。
4 家事・育児労働に従事している人とは、幼児がいる、高齢者がいる、家族が多い世帯の他に、1人で磯舟漁業をする老年の夫と2人で暮らす老年の妻も、陸仕事と家事の支えが必要なので（5人）入れてある。
5「家庭菜園労働」は、他の労働と兼務している。
6 失業者のうち、8時間労働を希望している者（未婚女子）は2名で、12名は4時間ないしそれ未満の軽度な労働を希望する高齢者である。
7 働きたくない人のほとんどは、70歳を超える高齢者であるが、4時間ないしそれ未満の労働を希望する半失業者のほとんどもまた70代・80代の高齢者である。

日本海に沿って弧を描いて延びる道路には絶えずバスが運行されていて市街地への通勤は容易である。このため、②のフルタイム、③の常用パート合わせて11人が漁業以外の仕事に就くことは可能である。④の日雇いのパート7人は主に漁業が生み出す仕事である。それは、Ⅲの⑦と⑧に連動する。

(2) Ⅱ.「有用労働」

まず、⑧の高齢者で働きたくない人が減り（S集落29人、B集落20人）、代わって失業者＝仕事を求める人が増える（S集落7人、B集落14人）。「B集落」では雇用の機会が存在する環境が就労意欲を高めているのである。農漁民は仕事さえあれば働きたい者が多い。

次に⑤のボランティアは22人で必ずしも多くない。雇用機会があることが影響しているのかも知れない。

⑥の家事・育児・介護に従事するいわゆる「主婦」の数が、「S集落」2人に対し「B集落」は12人に増える理由について述べる。まず子供数が前者は2人であったが後者は14人（乳幼児4人、小学生10人）と違っている。これは住民の中に若い夫婦が混在していることを示しており、主産業を支える漁民三世代家族層よりも、賃金労働者母子三世代家族層に多い。前者は跡継ぎ男子が同居する例であるが、後者は高齢化した母のもとにUターンしてきた娘とその夫（婿）との間に生まれた子が沢山いるとか、母子家族の娘が結婚して子供をもうけ欠損三世代家族（祖母・母・子）となるなどの例である。後者の事例が可能になるのはこの集落に多様な雇用機会があったからに他ならない。母のみとなった理由は、元漁業者で夫を亡くし寡婦となった者がこの集落では多いのであるが、住宅の存在と、多様な雇用機会の存在が娘の夫を呼び込み、子供数を増やすことにつながった。主婦が増えたもう一つの理由は、高齢の夫が一人で磯舟漁労をしていて陸仕事をする家族が全くいない場合に限り、同じく高齢で無職の妻を「主婦」と数えた5例を含んでいるからである。家事と陸仕事をこなす主婦がいなければ到底不可能と判断したからである。

また漁労中に負傷した⑨は療養中の者であるが、寝たきり老人が1人しかいないのはこの集落内に多機能の福祉施設があるからで、既に母と独身の息子から成る「母子世帯」から老母一人が入所中である。

6．直接生産者の生活構造

(1)「家庭菜園労働」について

表3に戻り、Ⅱの⑥の無償労働の中に分類した「家庭菜園労働」について述べる。「S集落」では39人が、「B集落」では34人と、成人人口の35～43%に及ぶ人びとが携わっていた。1世帯1人と数えたので、44戸中の34戸、約8割の世帯

で菜園を作っていたことになる。

現在は農漁村であっても農漁業を営んで暮らしを立てている世帯は少ない。その多くは年金または預貯金の取り崩しによって生活している。しかし、国民年金は40年掛け続けても月額6万5千円ほどしか支給されないことは知られている。それも満額であるから、これ以下の者もかなりいるはずである。この額でどの程度の生活ができるか想像したことがあるであろうか。

そこで比較的把握しやすく答えやすい「食費」について調べたところ、農漁村では単身者で1カ月1万円という答えが返ってくる。この額でどのような食生活が営めるというのであろうか。都会で暮らす人間は1万円と聞いて驚愕し、生活保護以下の貧困者を思い浮かべる。実際、「M集落」に入った新聞記者が但し書きを付けずそのまま報道したところ、「可哀想だ」として慰問袋が届けられ、村人たちの自尊心が傷つけられたとして騒動になったことがある。現実を知らない記者の短絡的な受け止め方であった。

賃金労働者の生計は、働いて得た賃金で、生活に必要な商品を購入して営まれる。自らの労働力を商品として売り渡して得た賃金で、必要とするあらゆる生活物資を商品として買うという二重の商品化の中で生きているのが都市の労働者である。

しかし農漁業の生産者は、生活物資をすべて商品として購入するわけではなく、自家の田畑ないし海で得た生産物を直接消費する「自給部分」を持っている。また豊かな自然から得られる「自然採取部分」もある。これらを合算して食生活が営まれているのである。

(2) 生産物の物々交換について

実際、調査に入ってみると、ほとんどの世帯で「家庭菜園」(あらゆる野菜―冬期保存野菜を含む、豆類、いも類などを収穫)を持っていたし、四季折々の自然からの恵み(ウド、竹の子、きのこ、他の山菜、魚、鹿など)を享受していたし、生産者同士の贈答=物々交換(農産物と海産物、味噌など)も頻繁であった。漁村では規格に合わない魚介類は販売ルートには乗せず自家または近所の知り合いにただで分け与える習慣がある。自家で採れない種類の野菜、余った魚は、自然な交流関係の中で近所や親戚に配られているのである。この部分を金額に換算できればベストだが、計量と換金作業に多大の労力を要するので躊躇していたところ、朝日新聞の特集記事が目に付いた。

「田舎暮らしの家計を考える」というその特集記事[(3)]によれば、単身者でも生活費は1カ月最低でも10万円はかかる。内訳は、食費に3万円、ガソリン代1万円、灯油・ガス代1万円、電気代7千円、日用雑貨費1万円、教養娯楽費（本、ネット代など）7千円、交際費1万円、雑費1万円となっている。この他に年間60万円かかる支出として、車の経費30万円、国民健康保険料20万円、地方税・固定資産税10万円とあるから、合計すると最低でも年間180万円はかかることを覚悟して、他に500万円の貯蓄は用意しておきたい、という内容であった。これらは、実際に調査した者には納得できる数字である。

つまり、一人暮らしの食費が月に3万円はかかるとすれば、月1万円の食費で暮らしている人は自家菜園や自然採取、物々交換品によって、大ざっぱにではあるが2万円相当を得ている勘定にならないか、これは思わぬ発見であった。まして複数家族員が同居する世帯ではさらに低い費用でまかなうことができると考えられ（ひとり口では食えなくてもふたり口なら食えるの喩え）、食費1万円という数字は決して貧しいとは言えないのである。村人は新鮮で汚染されていない食品を摂り、野趣に満ちた自然からの恵みをも得て、実に豊かな食生活を営んでいたのである。

(3)「複合型所得」について

ここから日本の階級分解の不徹底さが、他方でこうした「溜め」を作っていく結果として、零細農漁民や、農漁民と何らかのつながり（兼業、実家、親戚等）を持つ、都市の低賃金不安定雇用労働者が生き延びていける基盤を提供してきたのではないかと考えた。これはマルクスの「過剰人口論」として展開されてきたものであるが、この実態を「生活構造論」の方向から照射してみるならば、複数の源泉から所得を得て家計を成り立たせてきた「複合型所得構造」を持つ世帯が日本経済を基底で支えてきた構造[(4)]に思い至るのである。実際、調査してみると、生産労働＋賃労働＋年金＋家庭菜園労働といった複合所得で成り立つ世帯は多かったのである。

7．問題の発見

今さらながらと言われるかも知れないが、何十年の時を経て農漁村に再び足を踏み入れてみて驚くことは多かった。農漁村をフィールドにしている人から見れば「何を今さら」であろうが、都市の労働者調査にのみ向き合ってきた者にとっては、巨大化し繁栄する工業都市の対極に今や息絶え絶えの「限界集落」がこれだけ多く生み出されている事実は、驚きであった。ここに突きつけられた問題の数々はどれも新鮮で、考え直す必要に迫られていると感じたので以下に列挙しておきたい。

(1) 現在の農漁業は、高齢者によって支えられている

「国土の均衡ある発展」との掛け声とは裏腹に、工業や、大都市の第三次産業が若い労働力を吸収し続けた結果、農漁村に高齢者が取り残された。これでは第一次産業は継続できないし、周辺の貴重な大自然も守れない。食料安全保障の観点から危惧されよう。

問題1）は、労働力人口の数え方は、従来の15～65歳でよいのだろうか。年金支給年齢との絡みで現行の分類となっているのであろうが、現実にはすべての人に75歳くらいまでは働いてもらわないと、今後危惧されている労働力不足に対応できないのではないか。実際に健康寿命も延びているので、働くことは可能である。

問題2）失業者、半失業者が堆積している。

見てきた通り、とくに農村には全く雇用の機会がなく、8時間働きたい、または4～5時間でもよいから働きたい人びとが沢山いた。しかしハローワークに通っていないので「就労希望者」とは見なされず「隠れた失業者」となっている。現行の失業統計は、これをカウントしていない。

(2) 膨大な「福祉政策の対象者」が沈殿している

農漁村には、高齢者夫婦、独りになった男や寡婦、母子・父子家族、職を失った貧困者、障害者、傷病者等々、まさに福祉政策の対象になるべき人びとが堆積している。現在、都市で問題となっているこうした福祉対象者は、むしろ「見えない形で」農漁村に沈殿し、放置されている。規格外れの生活困難者が吹きだまりを作っていたことに驚くのである。

こうした隠されている膨大な「福祉対象者」を、近い将来どうするつもりか。福祉国家を標榜する日本では切り捨ては考えられないので、有効な方策がないか問われている。

8．暫定的結論

(1) 不徹底な階級分解は救いなのか

この調査研究では「家庭菜園労働」を重視してきたが、例えば旧ソ連時代、ロシアで都市住民の食糧不足を救ったのは「ダーチャ」と呼ばれる郊外の家庭菜園であったと聞いている。戦後高度経済成長期に農民層分解が進み、本来の労資二大階級が立ちあらわれることが予測されたが、分解し尽くすことなく、農村を出たくても農地や家屋が売れず、都市への移住資金もなく、適職も得られないために農村にとどまる「年老いた貧民」が分厚い層になって堆積してしまった。いま農村に累々と堆積する高齢者独り暮らし世帯、高齢者のみ世帯、高齢母子・父子世帯は、不徹底な分解の果てにあらわれた規格外の家族（近代的と称される「核家族」論から見れば）の姿をさらけ出した。

が同時に、他方で都市における被救恤貧民のこれ以上の増大をくい止める役割を果たしてきたのではないか、とも思えてくる。つまり別の角度から見ると、階級分解の不徹底さが調節弁となって日本の階級構造が支えられてきたのではなかろうか。家計の自給自足部分、日本的な助け合いの人間関係が「溜め」になって成立し得た生活構造ではなかったのか、と思えるのである。これまで「遅れた――」と形容詞がついたこれらの要因が現実には救いになっていたということではないのか。

(2)「溜め」のある労働者生活、「溜め」のある老後生活を考える

もしそうであるならば、絵に描いたようなすっきりした賃金労働者階級の生活、十分な年金支給によって賄われるはずの近代的な老後生活ではなく、「溜め」のある生活の仕方も考えられてよいであろう。いまや手の打ちようのない社会福祉政策のおくれは、人口の地方への均衡ある分散、自給自足経済の組み込みによる「自立期間」の延長によって補完されるしかないのであろうか。

ともあれ、家庭菜園や自然採取、贈答関係にまで拡大して生活を把握できたことは、今回の調査研究の成果であり、貴重な実態把握として記録しておきたい。

【謝辞】 本研究はJSPS科研費25285156の助成を受けたものです。

【注】

(1) 大野晃『限界集落と地域再生』高知新聞社、2008年。

(2) 査読者から対象者の家族構成を尋ねられたが、共同研究のため、今回は著者の分担箇所であった「労働力の分析」にとどめてある。「家族」を担当する分担者に断りなく書くわけにはいかないのでご容赦いただきたい。いずれ調査報告書で明らかになるが、特徴としては、単身者、老夫婦家族が多く、夫婦と未婚子家族と言っても「中年の未婚子との同居」、三世代家族と言っても夫婦が一組もない「欠損三世代家族」、叔母と甥等々、鎌田らがかつて都市貧困階層で見出した標準的でない家族が多く存在したことだけは記しておきたい。

(3) 『朝日新聞』(2013年12月23日、朝刊)。

(4) 鎌田とし子・鎌田哲宏著『社会諸階層と現代家族―重化学工業都市における労働者階級の状態―』御茶の水書房、1983年において、下請中小企業労働者や日雇い階層に標準的でない家族が多く見出されることが明らかにされている。

【参考文献】

鎌田とし子・鎌田哲宏著『社会諸階層と現代家族―重化学工業都市における労働者階級の状態―』御茶の水書房、1983年。
大野晃『限界集落と地域再生』高知新聞社、2008年。
『朝日新聞』。

書評

1 法政大学大原社会問題研究所・鈴木玲編
『新自由主義と労働』 今井 順
（法政大学大原社会問題研究所叢書）

2 赤堀正成著
『戦後民主主義と労働運動』 鈴木 玲

3 熊沢誠著
『私の労働研究』 呉 学殊

4 石田光規著
『産業・労働社会における人間関係
——パーソナルネットワーク・アプローチによる分析——』 石川 公彦

5 遠藤公嗣著
『これからの賃金』 鈴木 誠

6 今野晴貴著
『生活保護——知られざる恐怖の現場——』 平川 茂

7 今野晴貴著
『ブラック企業ビジネス』 阿部 真大

8 早川征一郎・松尾孝一著
『国・地方自治体の非正規職員』 戸室 健作

9 筒井美紀・櫻井純理・本田由紀編著
『就労支援を問い直す
——自治体と地域の取り組み——』 石田 光規

10 中村真由美編著
『弁護士のワークライフバランス
——ジェンダー差から見たキャリア形成と家事・育児分担——』 廣森 直子

11 水野博達著
『介護保険と階層化・格差化する高齢者
──人は生きてきたようにしか死ねないのか──』　笹谷　春美

12 松本武祝編著
『東北地方の「開発」の系譜
──近代の産業振興政策から東日本大震災まで──』　扇　　健夫

13 河西宏祐著
『全契約社員の正社員化を実現した労働組合』　野瀬　正治

14 猿田正機編著・杉山直・浅野和也・宋艶苓・櫻井善行著
『逆流する日本資本主義とトヨタ』　岡村　徹也

日本労働社会学会年報第26号〔2015年〕

法政大学大原社会問題研究所・鈴木玲編

『新自由主義と労働』

（御茶の水書房、法政大学大原社会問題研究所叢書、2010年、
A5判、xiii+253頁、定価4,200円＋税）

今井　順
（北海道大学）

本書は、「新自由主義経済がどのように展開し、労働運動や労使関係、あるいは労働条件にどのような影響を及ぼしたのかを、実証的、理論的側面から分析する」（iii頁）ことを目的に編まれている。すべての章を一貫するような枠組みや対象が存在しているわけではないが、「新自由主義」的政策の攻勢に触発された研究者たちが、それぞれのフィールドから報告を持ち寄り、「第I部・政策篇」「第II部・労使関係・労働条件篇」「第III部・理論篇」という流れを構成している。紙幅が限られていることから10章すべてについて十分に論じることはできないが、評者なりの短いコメントを付すことで、今後の議論の発展の一助となればと思う。

第I部では、日本における「新自由主義的」な政治がいつから始まったのか、またその大きな趨勢に変化はあるのかという、歴史の流れが主題となっている。第1章・兵頭論文は、日本における新自由主義の起点を問題として設定する。筆者はハーヴェイに依拠し、新自由主義を資本主義的な蓄積の危機における階級対立、特に上層階級による福祉国家的・コーポラティズム的オルタナティブに対抗する運動と捉え、日本の分析を試みている。同じくハーヴェイに依拠した渡辺治が、それを開発主義的国家体制への攻撃と考え1990年代の細川内閣による政治改革に着目するのに対して、筆者は1970年代前半までの拮抗した労使のせめぎあいが社会保障給付の拡充をもたらした事実を重視し、福田赳夫の総需要抑制政策を契機にこうした福祉国家的オルタナティブを叩くことになった1974年が、日本における新自由主義の起点となったと指摘する。

「階級対立」という点に絞れば、筆者の指摘は的を射ている。しかし、福祉・

生活保障体制への攻撃という文脈で捉えれば、戦後の日本は、経済発展優先の開発主義的傾向から都市・雇用セクターと地方・自営セクターが概ね分立する福祉・雇用レジーム（宮本 2008）を形成しており、そのバランスをかつての自民党政権がとってきたと考えれば、渡辺の指摘もまったく的外れとは言えない。むしろ、二人の着眼点のバランスに日本の特徴があるのであって、階級妥協が福祉・雇用レジームを特徴付ける西欧との比較のみならず、同じように開発主義的発展を経験したものの、1980年代後半まで「労使関係」が公に存在しなかった韓国（や台湾）との比較によって、日本の特徴がより明確になるのではないだろうか。

第2章・五十嵐論文は、規制緩和政策を推進してきた政府の労働政策が2000年代半ばまでに行き詰まり、2006年以降再規制へと反転しているとの認識の下、その構造とプロセスを明らかにすることを目的としている。筆者は、国際関係や政党政治など大きな状況の把握に優れ、格差に対する社会的な意識の高まりが、自民党内の亀裂、そして政権交代を誘い、反転が可能な政治的環境が整っていったとみる。こうした中での経済財政諮問会議や規制改革会議の変質、各財界団体の意見に示されるセーフティネットなどへの目配りなどを取り上げ、「反転の構図」は「ジグザグの過程を描いてはいるが、〈中略〉強まりこそすれ逆転することはなかった」（26頁）と評価している。

本章の執筆から5年が過ぎた地点に立ち、現在に至る「再規制」の軌跡を振り返ると、筆者が示す当時の状況への評価が、やや楽観的ではなかったかとの思いを禁じ得ない。本章に関する限り、労働政策の意思決定の構造そのものがどう変化していたのか、またそれに関わる各主体の影響力がどの程度のものだったのか、もう少し明確に評価する枠組みが必要であったように思われる。国際的・経済的・社会的・政治的背景が好転する中で、「しかし、残念ながら、労政審において使用者側が激しく抵抗し、これに一部の公益委員が同調したため、麻生政権時代の野党三党案より後退している面もある」（39頁）といった事態がなぜ起こるのか。実質的な意思決定のポイントでこうした動きがあるのなら、その他の「変化」はジェスチャーにすぎなかったのではないか。疑問の残るところではある。

第II部に配された5本の論考は、新自由主義の波が、さまざまな労働の現場にどのような影響を与えたのか検証しようとしている。

第3章・高橋論文は、新自由主義的政策の影響を「転換」と位置付けるのはやや性急ではないかとの視点に立ち、そもそも成立していた日本の「企業社会」がすでにそうした政策に親和性を持っていたからこそ、今その攻勢がここまで大きな影響を持つのではないかと指摘する。変化と継続を丁寧に見分けようとする試みと言える。

筆者は「新自由主義的政策」に特に本質を見出していない。それは日本的雇用慣行の高コスト体質を見直す際の旗印であり、正社員に対する成果主義賃金の深化や、非正社員の増加を実現した。この時に、労働組合や労働者が、そもそも規制緩和の前から新自由主義的な施策に親和的な態度を作り上げていたことを認識することが重要だと言う。企業別組合は個別企業の生き残りという目的に対して対抗的になりきれず、またそこで働く労働者もQC活動などを通じて、競争的態度やフレキシブルな能力を内面化している。こうして作られた、労働者と労働組合の「企業社会」への深い統合こそが、近年の改革をほぼ無抵抗に受容させたと言う。説得力のある見立てではないだろうか。協調的な労使関係は「下」を見ながらますます自閉し、改革に対抗する必要性すら自覚できなかった（65頁）との指摘も重要なものだろう。

第4章・松尾論文では、新自由主義的改革が公務部門にも影響を及ぼしていることが報告されている。まず、公務部門の労使関係が民間と異なる法的枠組みの下にあり、また国家公務員・地方公務員、キャリア・ノンキャリアの別で異同があるものの、基本的には労使関係の下で労働条件やその他の決定が行われてきたことが概観される。こうした仕組みは、「1980年代の行政改革にもかかわらず、近年まで比較的安定的に推移してきた」（78頁）と言う。その上で、2000年代の公務員制度改革が公務員人事管理制度に与える影響を考察し、人事院から各省庁へという分権化、集団的労使交渉から個別的労使交渉へという個別化、場合によってはノンユニオン化への変化の可能性が示されている。一部事例研究で確認できているようではあるが、基本的には重要な仮説群の提示ということになるだろう。

第5章・鷲谷論文では、長時間労働の問題が取り上げられている。ワーク・ライフ・バランスが社会的な問題となり、またあらためてホワイトカラー・エグゼンプションの導入が議論される中、労働時間の問題に触れておくことは重要であろう。筆者はまず日本の労働時間が相変わらず長いことを確認し、その原因を労働時間法制と労使関係の二つの要因から指摘する。典型的なのが36協定による時間外労働規制の形骸化で、これは時間外労働の上限規制が実質的に存在しないこと、そして企業別労働組合に十分な交渉力が備わっていない（場合によっては御用化する）ことの二つが合流する地点に存在する問題である。日本的雇用慣行におけるこうした労働時間の側面が、そもそも新自由主義的政策に対して親和的だったという指摘は、高橋論文とも共通する。本章は最後に7点に及ぶ、労働時間短縮の意義が述べられている。どれも重要な指摘だが、男女共同社会やワークシェアリングに関わる部分は、特に真剣に顧みられるべきだろう。

第6章・鬼丸論文は、これまで終身雇用的な制度を採用していた外資系企業A社が、1990年代その方針を転換し、断続的に正規労働者に対する雇用調整を行ってきた実態についての報告である。紹介されているA社の取り組み――セカンドキャリアプログラム、退職勧奨、会社分割法を利用した雇用調整――は、確かにその後日本企業でも実践されたものである。筆者の言うとおりに、A社の事例が日本の大企業にとっても「正規労働者の絞り込みの先行事例」（129頁）と位置付けられるのなら、そうした実践の伝播の過程やメカニズムこそ、新自由主義的改革の広がりを説明するものであり、（ないものねだりではあるが）新しい興味をかきたてる事例ということになるだろう。

第7章・山縣論文は、大規模生協（CK生協）を事例とし、その賃金制度やそれに対する労働組合の関わりを概観した上で、査定制度の規制、結果の公開、不当な結果に対する異議申し立て・救済制度が男女間の賃金格差を是正するか、実際の職能給・職位給の分析から明らかにしている。CK生協における男女の賃金差は極めて低く（男性対比9割弱）、労働組合の相対的に高い交渉力と、それによって可能となった上記諸制度が、正規労働者である男女間の賃金格差を是正していることを強く示唆している。一方で、対象が生協であることをどう位置づければよいのかについての筆者の見解、また、CK生協においても従業員の大多数はパート労働者（うち85%が女性）であり、正規・非正規間の賃金格差は当該産業において平均的だという事実をCK生協労組がどのように考えているのか示してもらえれば、より興味深い報告になったのではないだろうか。

第Ⅲ部は、伝統的な労使関係と新たに広がりつつある社会運動ユニオニズムについての文献レビュー、そして新古典派経済学の内在的批判を目指す論文の3本から構成されている。

第8章・浅見論文では、イギリス労使関係論を、福祉国家の形成期（1950年～60年代）、労働運動の高揚期（1970年代）、そして新自由主義の時代（1970年代後半～80年代以降）に分けて整理している。取り上げられる理論的潮流はプルーラリズムとマルクス主義であるが、それぞれの時期における現実を反映しながら、潮流内部における論争、そして潮流間の緊張と相互への影響が起こり、労使関係論の射程を規制・制度へのやや狭い着目から、歴史的文脈をふまえた紛争・統合のダイナミクスの分析へと移ってきていることが分かる。

第9章・鈴木論文は、近年アメリカで着目される社会運動ユニオニズムに対する、共感的批判のための文献レビューである。アメリカにおける社会運動論の傾向を反映してか、社会運動ユニオニズムへの視線も、広い意味での動員に関わる論点を網羅しているように見える。しかし、筆者は社会の構造変動との関わりで、運動形成の機序と継続の要因を探ろうとする。社会運動論的にも重要な論点であろう（e.g. Walder 2009）。形成の機序について着目されるのが、LME（liberal market economy）とCME（coordinated market economy）の別で、特に前者においては労働運動が新たな機軸を模索するため、社会運動ユニオニズムが着目されると言う。継続要因については、社会運動ユニオニズムの影響力が、労働力供給のコントロールという構造的基盤を持っておらず、地域・市民社会からの共感・連帯に依存しているという指摘が重要である。こうした共感の基盤がなぜ、どのような構造変動・制度のあり方と関連して形成されるのか問うことが必要であるように思われる。少なくともアメリカに社会運動ユニオニズムに対する支持があるということは、共感の基盤にもLMEとCMEの対比から理解できる点があるのではないだろうか。

第10章・山垣論文は、新自由主義を支える新古典派経済学の枠組みを用いつつ、規制緩和論者とは逆に、解雇規制が経済的効率性を高める可能性を探ろうとする試みである。筆者はまず解雇規制緩和派の議論を4点にまとめ、解雇規制緩和が労働者の利益にかなうとする緩和派の議論をそれぞれ批判し、結局、経営側に現行の解雇規制に不満があるとすれば、それは業績悪化時のみならず、通常の状態における「普通解雇」を、「自らの人選において」行いたいという二点にあると看破する。その上で、解雇の規制緩和は使用者による指揮命令権の機会主義的行使につながり、労働者の厚生を損ない、結果経済的効率性も下げることになると議論する。経済学における内在的な批判であり、それ自体貴重なことではあるが、その性格上経済効率（を高める）という基準が議論の筋を形成してしまう点にはやや違和感が残る。企業の効率性のための相互コミットメント＝協調的労使関係という理論構成は、結局第3章で高橋が批判する企業社会の制度的論理と同じものではないだろうか。

以上、本書に収められた10本の論文はそれぞれに興味深い論点を含んでおり、「新自由主義」への着目によって、日本（と世界）における労働の諸相がうまく照らし出されている。一読すべき好著である。

〔引用文献〕

宮本太郎（2008）『福祉政治　日本の生活保障とデモクラシー』有斐閣。

Walder, Andrew G.（2009）“Political Sociology and Social Movements,” *Annual Review of Sociology*, 35: 393-412.

日本労働社会学会年報第26号〔2015年〕

赤堀正成著

『戦後民主主義と労働運動』

（御茶の水書房、2014年、A5判、iii+303頁、定価5,000円＋税）

鈴木　玲
（法政大学）

本書は第1部で、1950年代初めに「ニワトリからアヒル」となり戦闘化した総評労働運動が「戦後民主主義」の中核を形成したこと、知識人層が総評労働運動の戦闘化に重要な役割を果たしたこと、左派社会党や太田薫らが戦闘化した労働運動を（青年労働者がこのような運動を支持したのに拘わらず）経済主義の枠にはめようとしたことを論じる。本書の論点や分析の中心部分は第1部であり、評者は第2部の3つの章と第1部との結びつきが弱いと考える。そのため、以下の本書の要約は第1部の4つの章（はじめに、第1章、第2章、第3章）を中心に行う。

1．本書の要約

「はじめに」は、総評労働運動が戦後民主主義の中心的担い手であったと論じ、総評労働運動の戦闘性や政治性を否定的に評価する先行研究（大嶽秀夫の研究）を批判し、労働運動を企業内の労資関係（「内包」）よりも、運動が取り組んだ政治的・社会的課題（「外延」）を中心に検討すべきとする視角を提示する。そして、このような視角をとることで、平和や民主主義に取り組んだ「戦後日本の労働運動のもつ特殊な性格」を明らかにすることができると論じる。

第1章は、主に40年代末から50年代初めの時期の労働運動、政党、知識人集団の動向や相互関係を分析し、戦後民主主義の主体が形成される過程を検討する。本章は4つの節より構成されるが、第1～3節が民主化同盟（民同）運動、労働者文化運動、労働者政党の動向、活動家層の形成、地域闘争・職場闘争など労働運動の諸動向について、第4節が知識人集団の形成について分析する。

第1〜3節の内容は以下のとおりである。共産党の労働運動に対する支配に対抗する民同運動は、共産党の影響が強い産別会議内部で48年初めに生まれた(産別民同)。民同グループは、総同盟内部や国労などの主要単産内部にも生まれた。民同運動は、右派（反共民同）から非共産の左派（民同左派）までの潮流を含んだが、高野実の総同盟主事就任が示すように、しだいに民同左派の影響力が強まった。また、社会党の49年1月の総選挙での大敗を契機に、労働組合の民同派（特に民同左派）幹部や青年（部）活動家が大量に社会党に入党し、同党の左傾化を促すとともに、のちの「社会党-総評ブロック」の端緒をつくった。このような青年活動家の事例として、岩井章、六本木敏の活動歴が紹介される。さらにこの時期、全逓を中心とした公務労組が地域闘争や職場闘争を追求するが、このような下からの戦闘化の方針は総評の組織綱領草案に「批判的に継承」されるとともに、地区労運動の端緒となった。

第4節は、吉野源三郎（雑誌『世界』編集長、全日本出版労働組合書記長）が平和問題懇談会を組織する過程を検討する。吉野は、産別会議と総同盟の対立や民同派の分裂に現れた労働運動における社共対立を克服するため、平和をテーマとした「人民戦線の統一戦線」を立ち上げることを模索した。吉野は、野坂参三などの政治家を含めた「政治的な人民戦線」の形成を模索したが、丸山真男の同意を得られなかったため、文化人・知識人のみで構成され「人民戦線的文化運動」を目的とする平和問題懇談会を48年秋に立ち上げた。

第2章は、50年代前半の労働運動、政党、知識人集団の動向や相互関係を検討することで、これらの主体が平和四原則の支持を通じて戦後民主主義を具体化していった過程を考察する。本章の8つの節は、平和懇談会の平和四原則の提示、社会党および総評による平和四原則の採択とその背景、平和四原則が総評の戦後民主主義の主体形成にもつ意味、破防法反対闘争と闘争における知識人と労働運動の共闘などについて論じる。

第2節は、初期（49〜50年）の戦後民主主義をリードした平和問題懇談会について、同懇談会が3回にわたり発表した声明をめぐる知識人の討論を検討し、特に朝鮮戦争勃発後に発表された第3回声明「三たび平和について」を、平和四原則（「講和三原則＋再軍備反対」）を主張したものとして注目した。同声明に影響を受けた社会党青年部（その多くは労働組合員）が原動力となり、第7回党大会（51年1月）は「再軍備反対決議案」（実質的な平和四原則）を採択した（第3節）。総評の第2回大会（51年3月）も平和四原則を採択したが、四原則が「非武装憲法」ではなく「日本の労働階級の立場」を根拠にしたことは総評が戦後民主主義の主体的に支える運動体となったことを示唆した（第4、6節）。総評の平和四原則の採択を契機に労働運動と知識人の間に連繫関係が形成され、52年春に総評などが政治ストを実施して闘った破防法反対闘争には、知識人も「治安維持法の再来」として積極的に参加した（第4、7節）。また、破防法反対闘争は組合幹部主導を排し青年活動家層のイニシアチブを重視する「高野指導」が形成される契機ともなった（第7節）。

第3章は、高野実が確立した戦後民主主義の主体としての労働運動に対する批判勢力について、総評と左派社会党の間およびそれぞれの組織の内部の対立・論争の分析を通じて検討する。左派社会党は、高野指導の総評の政治主義を嫌い「労働運動を経済主義の枠内に閉じこめ」ようとした。同党は、マルクス主義的レトリックを使っていても、実質的には議会主義（「西欧型社会民主主義」）を志向したとされる。そのため、左社に近い太田薫は、戦後民主主義の基礎となる平和四原則に必ずしも拘っておらず（第4節）、また左派社会党党綱領をめぐる論争では、（綱領原案の批判として提示された）高野の立場に近い「清水（慎三）試案」を支持する党青年部の活動家が統制処分を受けた（第5節）。さらに、綱領論争は、左派社会党と清水試案を支持する清水幾太郎などの知識人との対立にまで発展した（第6、7節）。

左派社会党や総評内の反高野派は、54年の総評大会では事務局長のポストを勝ち取ることができなかったが、55年の大会では高野が事務局長を退き岩井章が事務局長になった。先行研究は55年以降の「太田-岩井ライン」を経済主義であると捉えているが、本章（第1、9、10節）は少なくとも60年安保や三池闘争までの総評運動において「高野指導が実態として存続」したと主張した。高野指導の存続は、56年の岩井章事務局長の下での地域共闘を重視する中対オルグの設置や職場や地域の活動家が「運動のなかに分厚い層」として安保闘争後に放逐されるまで存在したことに示される。最後の節（「終わりにかえて」）は、60年以降に総評運動の経済主義化が本格化して戦後民主主義の主体としての労働運動の側面が弱まった過程（職場闘争の否定と地域共闘の変容）について短く触れる。本書の第2部は、60年代以降から90年代の労働運動における総評労働運動のレガシーとされる事例研究を中心とする。第1章は岩手県教職員組合（岩教組）が60年代初頭に展開した全国一斉学力テスト反対闘争について検討する。第3章は、90年代の新自由主義経済の下での東京都の「新しい労働運動」（都職労経済支部の「職のある街づくり」大運動、大田区の地域労働運動と地元業界団体の連携による「不況打開大田区実行委員会」など）について検討する。

2．コメント

本書は、50年代前半における総評労働運動が戦後民主主義の主体としてアイデンティティを確立した過程で知識人層が果たした役割を明らかにした。これまでの労働運動史研究は、知識人と労働運動の間の相互の影響や連携を明らかにしてこなかったため、本書が明らかにした知識人の役割は注目に値する。また、高野時代の総評運動に真正面に向き合い、高野指導の組合の政治的アクティズムを「逸脱」としてではなく、活動家層や一般組合員の意識を反映したもの、すなわち「本来あるべきもの」として捉えた視点はユニークである。

本書はいくつかの問題点がある[(1)]。ここでは評者が気付いた2つの問題点を挙げる。第1は、「平和と民主主義を掲げ、一般民主主義課題にも積極的に取り組んだ」総評労働運動が国際的にもユニークな運動であったと指摘されるが（15頁）、労働運動の国際比較において総評労働運動は特異な運動であったのだろうか。総評労働運動は、西欧型社会民主主義型労働運動や、アメリカのビジネスユニオニズム的運動とは異なる。しかし、UE（United Electrical, Radio and Machine Workers of America）やILWU（International Longshoremen' s and Warehousemen' s Union）など冷戦時代にも左派的志向を維持したアメリカの労働組合も同様に経済主義の枠を超えた活動をしなかったか。あるいは、韓国や南アフリカの権威主義体制時代の労働運動も、総評労働運動と同様に民主主義の課題に取り組んだと言えないか。

第2に、本書は戦後民主主義を支える労働運動（あるいは高野指導）が青年活動家や一般組合員に支持されていたと論じるが、支持の広がりあるいは性質について必ずしも明らかにしていない。本書は、破防法反対闘争の政治ストの際のスト回避方針をとった炭労が下部組合員を説得できなかったこと（125-126頁）、破防法反対闘争で「質的な成長」をした青年活動家層や「平組合員」が高野指導を下から支えたこと（131、139頁）、高野総評の「裾野」で活発になった若年労働者のサークル活動（180頁）などを組合員の支持を示唆するもととして挙げている。また、50年代後半に闘われた基地闘争、勤評闘争、警職法闘争でも活動家層が新たに形成されたことを指摘した（156頁）。しかし、これらの言及だけからでは、組合活動家や一般組合員の高野指導の主体的な支持が具体的に見えてこない。これらの活動家や組合員の平和四原則や戦後民主主義へのコミットメントは、50年代から既に強まり始めた企業主義的志向を克服するほど強力であったのか。どの程度の割合の活動家が高野指導を受け入れ支持したのか。50年代の政治主義的労働運動は、活動家や組合員の戦後民主主義へのコミットメントだけで説明できるのか。大嶽秀夫のように労働組合の政治主義を企業レベルでの鬱積したエネルギーはけ口と単純化するのは問題かもしれないが、本書のように活動家や組合員の多くが階級意識あるいは政治意識が高い層であると捉えることにも問題を感じる。

〔注〕

(1) 本書の単著としての構成上の問題点は、多くの読者が気付くと思われるが、既に同書の別の書評が指摘しているのでここでは繰り返さない。同書の五十嵐仁の書評（『大原社会問題研究所雑誌』〔No.677、2015年3月号〕、64-67頁）を参照。

日本労働社会学会年報第26号〔2015年〕

熊沢誠著

『私の労働研究』

(堀之内出版、2015年、A5判、284頁、定価2,200円+税)

呉 学殊
(労働政策研究・研修機構)

本書は、熊沢誠先生が生涯取り組んできた労働研究を振り返りながら、研究の内容と方法や時代背景、さらにはプライベートな生活史について説明すると共に、最近、『POSSE』に寄稿した短文や書評等を載せたものである。

まず、簡単に本書の内容を記したい。1章 「私の労働研究—テーマと問題意識—」では、先生の研究史を初期(1967〜78年)、中期(1979〜96年)、後期(1997年以降)に分けて、各期の時代的な特徴、研究の問題意識、特徴的なキー概念が書かれている。初期には、労働そのもののあり方、企業社会に包摂された日本の労働者の現状分析を行い、イギリスやアメリカの研究成果を踏まえながら、日本の労働者が企業という社会に属し、労働組合もそれに規定されていることを明らかにした。中期では、個人の受難に注目してその人の労働体験・職場体験を明らかにして、日本的経営をハッピーと感じることを「強制された自発性」と概念化した。日本の労働者像を国際比較やその歴史的形成要因等で究明した。後期では、能力主義の実態と問題、女性労働、若者の労働問題、格差社会へと射程を広げて研究を進めた。

2章「われらの時代の働きかた」は、『POSSE』に連載したエッセイの再録であり、そこには「シューカツ」、非正規労働者、正社員の職場問題等が取り上げられている。就職の成功度の違いは格差社会の中から生まれる「希望格差」にその要因があること、頻繁な転職はキャリア展開の不在などのゆえにやむなく選ばれた行為であること、正社員のしんどさの根には日本的能力主義・労働条件決定の個人処遇化があること等を明らかにしている。

3章「公務員バッシング対抗論—橋本『改革』と公務員労働組合—」では、公務員バッシングの論理と背景、そして公務員労働運動のあるべき姿について論じられている。官民格差の拡大は、民間部門の非正規雇用の増加による賃金の著しい低下によってもたらされたことであると分析する。また、「労使の癒着」という類書ではあまり見られない指摘があり、労働組合の味方なのにあえて指摘するのが、先生の学者的良心の現れといえる。

4章「労働・社会・私の体験—ホームページ・エッセイ抄—」には、時事等について書いたエッセイが綴られている。「福島第一原発の「復旧」作業を担う人びと」では、彼らの仕事内容や雇用形態、また下請労働者の集まる背景が分析されており、「五月の10日間」では、奥様の体調の急激な異変とそれを直そうと孤軍奮闘する人間味溢れる先生の姿が描かれている。

5章「書評と紹介—近年の『読書ノート』から—」では、2010年から書いた書評、批評、感想文の中から採択した24編が再録されている。非正規や過労死等の労働問題、現代日本の社会と生活、日本近代史・現代史、アラブ世界等多様な分野の書評が綴られている。

6章「スクリーンに輝く女性たち」では、先生の研究のスタンス、人間と社会への視点、生活思想に大きな影響を与えたとされる映画13作品の感銘録が収録されているが、「輝く女性」を活写する作品である。並外れた映画ファンの姿が映っている。

終章「回想記・労働研究の道ゆき」では、先生の生涯の体験の中から、労働研究の気力を持続させたと回想できる軌跡が7つの時期に分けて書かれている。まず、1「青春前期の模索」では、文学青年であり、また学生運動に加わったこと、2「徒弟時代」には、岸本英太郎先生のゼミ生時代の勉学の様子が書かれている。3「自立のとき—研究と生活の条件に恵まれて」では、大学の教員として研究に専念し、研究「労働」を極めた姿、それに新しい家族（2人のお子さん）をもち、楽しい「父親史の黄金時代」を飾った私生活の面々が描かれている。4「働きざかり—労働者の実像をもとめて」には、ロンドン滞在時の研究活動とイギリス労働者・労働組合の分析内容と日系企業における労働実態の分析、日本の労働組合特性や能力主義下における労働者の実態等が書かれており、それに家族の結束による「家庭力」にたよってのヨーロッパの旅が描かれている。5「ゆるやかな登り坂―状況判断のさまざまの試み」では、思い出に残るゼミ生の労働実態演劇指導や過労死・過労自殺の実態とその背景研究等が収録されている。長いが、次の分析結果に目が留まった。すなわち、「強制された自発性にもとづいて死にいたるまでの過重労働が受容されたのだ。その『強制』と『自発』の混合比は、職種や地位によっておのずから異なる。一般に、社会からの『期待』もふくめて仕事そのものにやりがいを感じるほど『自発』が色濃く、生活を支える収入をすべてに優先させる必要性が高いほど『強制』が色濃いだろう。けれども、その違いはひっきょう相対的なものに過ぎない。それは、大きくは『会社のため』と『自分と家族の生活のため』を峻別できない環境におかれた日本の労働者に固有の悲劇にほかならない。その峻別の困難は、不安定な福祉国家のままの現在も私たちのものである。」先生の研究内容を最も典型的に表すものと感じた。続いて6「高齢期の日々」では、ご家族の状況と脱原発市民の集い等が記されており、最後に7「顧みて思えば」では、研究と生活面での人生の振り返りが簡潔に綴られている。

本書の中で、評者の関心を最も引いたのは、1章と終章であった。感じたことをいくつかの文脈で書いてみたい。第1に、研究のテーマ・対象の選定である。単著24冊のタイトルだけを見ても、日本の労働問題の戦後史を想像できるほど、それぞれの時代で最も取り上げられるべきテーマを研究したと感じ、先生は戦後労働問題に関する生きた証人といえよう。こうしたテーマの選定は、「あらゆる束縛や制約から自由だったという大きな幸せ」の現れであるが、少しでも労働問題を解決しようとする先生と社会との相互作用の結果であり、社会変革者の姿を垣間見ることができる。先生は、実際、「職場の人権」という研究会や「脱原発四日市市民の集い」を立ち上げて活動してこられた。

第2に、研究資料である。個人の労働実態を正確に記述するために、ルポルタージュ、私記、ドキュメント、裁判資料、新聞、ゼミの卒業生、現場労働者からのヒアリングなど入手可能なあらゆる資料が使われた。志があれば可用資料はいくらでもあるという貴重なメッセージである。加えて、多方面の数え切れないほどの読書と映画鑑賞から人間の生きざまを深く理解し、研究対象や内容の射程をしぼった先生の研究熱に感銘を覚えるばかりである。

第3に、自分の客体化である。研究者は、研究対象を定めてそれに近づきあらゆる資料を入手して対象の本質を迫る者であるが、普通、自分を研究対象としない。研究内容を通じて研究者の人間味を感じることがあるが、それが直接書かれていないと推測に過ぎず、研究の背景や内容を深く知りかねるところもある。自分の客体化、「私はこういうものである」ことを直接に示すことによって、研究内容をより豊富に理解することができる。本書は、先生を客体化したものであり、読者に先生の著書に再び目をとめたくなる吸引書でもある。今後、第二、第三の「私の労働研究」を書く研究者が現れることを期待する。

第4に、感情移入による労働問題解決への強い思いである。個人の受難に注目し、それをもたらしている体制の構造を解明し、その構造を変えて、個人の受難の解消を試みる先生の研究姿勢からその強い思いを感じる。研究対象者の受難に先生を投射して、その受難の解消に向けてどのような社会改革、人事労務管理の変更や労働組合の運動が必要であるのかを実践的に探ろうとする足跡が描かれている。先生の博愛主義や人間味を感じることができるのである。

過労死、非正規労働や各種のハラスメント等労働問題は依然として続いている。先生のさらなる労働研究が望まれており、少しでも先生の労働研究が生かされる形で同問題が解決できることを期待してやまない。また、先生のあとを追う労働研究者がひとりでも多く現れることを切望する。本書を読む人々が多くなることがそれへの近道ではないかと思い、一読をお勧めしたい。

日本労働社会学会年報第26号〔2015年〕

石田光規著

『産業・労働社会における人間関係
――パーソナルネットワーク・アプローチによる分析――』

（日本評論社、2009年、A5判、216頁、定価4,500円＋税）

石川　公彦
（明治大学）

はじめに

はじめに本書の概略を述べたうえで、パーソナルネットワーク・アプローチという用語に触れたことのない未読の読者のために、内容をやや詳しく紹介したい。

著者によれば、日本企業はこれまで終身雇用システム、年功制、企業内福祉などの労務管理施策を通じて「働いている人びと」を企業ごとに囲い込み、その結果、共同体的、集団主義的特質を有してきたという。しかし、昨今はこれら諸施策の撤廃や見直しの動きによって、企業および職場の拘束力が揺らぎ、「働いている人びと」が個々に解放される流れが強まっているとする。この職場からの解放は、個々人に人間関係の形成に対する自由と裁量を与えると同時に、職業生活に必要な人間関係を諸個人が自ら再編していかざるを得ないようになると述べる。

翻って先行研究では、産業・労働社会の人間関係を分析するにあたり、日本企業の囲い込みの状況を所与として、「職場内の関係を分析対象とした『集団的アプローチ』に固執してきた」と著者はいう。しかし、日本企業の囲い込みが解け、共同体的、集団主義的な特質が揺らいでいる今日、職場の「集団」に基づくアプローチでは、もはや人間関係の諸相を分析しきれないとする。そこで、本研究では「集団」から「個人」に照準を転じ、「パーソナルネットワーク・アプローチ」を用いている。このアプローチは従来用いられてきた「集団的アプローチ」と異なり、「個人」を単位として人間関係を特定し得る手法であり、現在の企業・労働社会における人間関係の諸相を有効に分析できると説く。

つまり、本書の最大のオリジナリティは、日本的雇用慣行の変化が影響を及ぼしつつある職場の人間関係の諸相を、パーソナルネットワーク・アプローチによって数量的かつ実証的に明らかにしようとする試みにあるといえるだろう。

1．第Ⅰ部・理論編の内容

次に、本書の構成に合わせて内容をやや詳しく紹介しておきたい。本書は、理論編の第Ⅰ部と分析編の第Ⅱ部に大別される。第Ⅰ部は4つの章に分けられ、産業・労働社会における人間関係をパーソナルネットワーク・アプローチによって分析するためのフレームワークを論じている。

第1章「産業・労働における人間関係」では、冒頭で尾高邦雄の論に拠りながらも著者独自の概念として「人間関係」を定義する。すなわち、本書でいう「人間関係」は、「直接接触する当事者同士が相手に対して特別な感情を抱くことにより形成・維持される自然発生的関係」に限定する。このとき、「労使関係」は「制度的役割にもとづく『制度上の関係』と定義づけられる」として、著者の「人間関係」からは除外される。したがって、本書における「人間関係」とは、特別な感情をともなうフェイス・トゥ・フェイスの関係であり、「面接的関係」のことをさすとみて大過ない。

続いて、先行研究を整理したうえで、本書の研究を「人間関係学派の人間関係研究のアプローチを引き継ぎつつも、共同体としての職場という視点から脱して、人間関係を分析していくことを目的とする」と位置づけている。

第2章「産業・労働社会の現状」では、公開されているデータに基づいて、日本企業の体質変化の方向を「職場集団の弱体化」および「個人の解放」という軸で把握する。また、そのような企業変化が、そこで働く人びとに対して仕事生活における「個人化」（組織からの脱却）を促すとともに、個人もそれを志向していると分析する。

第3章「産業・労働社会で結ばれる人間関係の変容」は前章の分析を受けて、共同体としての職場の変容が、「職場からの解放」と「人間関係の希薄化」という二つの側面をもたらすと述べる。また、これら二つの側面は従来、自律的主体の成立や高効率組織の形成という肯定的理解と、関係不安の顕在化や共同体的「仲間」集団の解体という否定的理解の二つの文脈で捉えられてきたことを説明する。そして、本書の主な研究目的は、これら二つの文脈が日本企業の職場で実際どのように現出しているのかを実証的に明らかにすることにあるという。

研究対象は日本の大企業で働くホワイトカラー従業員とし、研究方法は「同一企業の時点間比較」ではなく「企業間比較」を行うとする。また、特定の職場集団の分析に適した従来型の集団的アプローチではなく、パーソナルネットワーク・アプローチの採用を提唱する。その理由は第一に、企業の集団的体質が弱まり個人の自立性が重視されるようになってきた現状を踏まえて、第二に、個人化によって人間関係の構築が職場外にまで及んでいる可能性を検証するためという。

第4章「産業・労働社会におけるパーソナルネットワークの研究」では、前章で示されたパーソナルネットワーク・アプローチについて、先行研究をまとめながら詳述している。特定集団の人間関係のありようを分析するときにはソシオセントリック・アプローチが有効である。しかし、集団的体質が揺らいで個人化が進み、職場外の人間関係の構築にまで分析対象を広げる場合には、行為者個々人がどのような人間関係を結んでいるかに焦点を合わせるパーソナルネットワーク・アプローチが有効であるとし、本研究ではこれを採用している。以上が研究のフレームワークを示すいわば前段であり、この後、本書の中核部分となる第II部・分析編が5章編成で続く。

2. 第II部・分析編の内容

第5章「企業調査の概要」では、調査対象となったA社とB社について、事業概要、組織構造、管理システム、福利厚生システムの順に説明され、次に調査方法と調査内容の説明、回答者の属性分析と続く。A社には簡単なインタビューを複数回行い、質問紙による調査を行っている。B社には（インタビュー調査の有無に関する記述はなく）インターネットを通じた調査票による調査を行っている。つまり、本書の研究はほぼ定量調査（アンケート調査）に基づいている。質問項目は以下の本文中に随時記され、質問紙や調査票の現物は特に記載されていない。

続いて、第6章から第8章において、主にアンケート調査の結果に統計処理を加えながらA社とB社の企業間比較を行っている。

第6章「人間関係の構造:人間関係の外部化・拡散化傾向に関する分析」では次の三点を明らかにしている。①集団的体質が残るA社では上司・部下という制度的関係を軸に仕事ネットワークを形成しており、囲い込みを緩めたB社では同期・同僚、友人・知人という水平的関係を軸に仕事ネットワークを形成している。②パーソナルネットワークの布置をみると、集団的体質が残るA社では仕事の最小単位である「課」を中心に仕事関係を築き、囲い込みの緩やかなB社では、仕事上の関係を「課」から外に拡散させる傾向がある、など。③パーソナルネットワークの開放性をみると、集団的体質のA社ではネットワークを構成するメンバーが相互に知り合いであることが多く、囲い込みを緩めたB社では相互に知り合いである傾向が少なくなっている。これらの分析から、著者は企業が個人化の方策を強めれば、そこでの人間関係は、脱制度的、拡散的、開放的傾向をいっそう強めていくであろうと結論する。

第7章「仕事成果・仕事意識と人間関係：働く人びとにとって有用な人間関係に関する分析」では、働く人びとの仕事ネットワークが人びとの仕事成果や仕事意識にどのような影響を及ぼすのかを分析している。A社の分析から集団的体質の残る企業では、①安定的な社会的基盤のもと、従業員個々人が均質化した仕事ネットワークを築き、②仕事成果や仕事意識に対するパーソナルネットワークの効果が現れにくくなると結論づける。一方、B社の分析から、組織の境界を撤廃しネットワーク化を推進する企業では、①関係を支える制度的・社会的基盤が揺らぎ、上司との関係が特権化してその重要性が高まる。②仕事上のサポート関係の保有そのものが重要になる。そのため、ヨコのつながりの活性化が、かえってタテの組織的つながりを強化するという逆説的結果を招いていることを指摘する。

第8章「集団的体質脱却による負の側面」では、集団的体質からの脱却によって生じる負の側面を分析する。著者は、集団的体質からの脱却が、①関係の縮小および関係からの孤立、②「温かい」関係の消失、③関係の垂直化の問題、という三つの新たな「人間問題」を招来するという負の可能性を指摘する。

最後に、第9章「現在の企業社会で結ばれる人間関係の諸相」において、日本企業の今後の方策を述べている。すなわち、全体としては組織の境界を撤廃するネットワーク化は不可避のものとしつつも、さしあたり囲い込み型の集団的処遇を温存することで、新たな「人間問題」が一挙的に勃発するリスクを和らげる必要性を主張している。

おわりに——若干のコメント

本書の読後感は、日本企業の雇用慣行の変化が産業・労働社会における人間関係を変容させつつあることを、数量的に実証しようとした試みへの驚きであった。個人ベースのデータに基づき、職場外へわたる人間関係のつながりをも明らかにし得るパーソナルネットワーク・アプローチの可能性は今後も追求されるべきであろう。このアプローチによってこれまで印象論的に、あるいは定性的に論じられてきた日本企業の「集団性」「集団主義」「ウチとソト」といった問題が、数量的な裏付けをもって論じることが、おそらく初めて可能となるのではないかという予感と期待を禁じ得ない。

また、著者が第7章で析出したヨコとタテのパラドキシカルなロジックは、第9章でも重ねて考察が加えられている。ここにはE. Fromm [1941]の内容と通じるモチーフが現れており大変興味深い。共同体的紐帯の弛緩や消滅、不安に駆られた人間の「逃走」と逃避先の問題が、現在の日本企業において散見されるとすれば、今後の社会全体にどのようなインパクトを与えるのか気になるところである。

なお、評者らが共同で進めている研究（「日本企業の市民社会化の研究―経営の共同体モデルから市民社会モデルへ」基盤研究（C）25380459）では、企業外の「第三者」性を持った規範が企業内部に浸透することで日本企業の「共同性」が変化しつつあるのではないかという視点から調査を行っている。この「ソトからウチへ」の調査研究とは逆に、本書の「ウチからソトへ」と拡散していく人間関係の分析結果には、ある側面で相即的関係を認めることができ、その点でも学ぶところの多い著書であった。

〔引用文献〕

Erich Fromm [1941] *Escape from Freedom*, New York: Farrar & Rinehart（日高六郎訳［1965］『自由からの逃走』東京創元社）.

日本労働社会学会年報第26号〔2015年〕

遠藤公嗣著

『これからの賃金』

（旬報社、2014年、四六判、184頁、定価1,600円＋税）

鈴木　誠
（労働政策研究・研修機構）

著者の主張は、「はじめに」の冒頭で端的に述べられている。すなわち、「これからの日本の賃金には、日本で働くすべての労働者の均等処遇をめざす賃金制度が必要であること、その賃金制度は『範囲レート職務給』が中心になるはずであって、それに必要な職務評価は『同一価値労働同一賃金』の考え方で実施すべきこと、これらを私は本書で主張したい」（3頁）。この主張は、「日本で働くすべての労働者」の側に立った主張であり、彼ら彼女らの望ましい労働と生活のための主張であるという。「日本で働くすべての労働者」とは、正規の、男性の、日本人の、労働者だけでなく、非正規労働者、女性、外国人も含むすべての労働者を指す。

本書評は、著者の実態把握面について若干の疑問を述べる。だが、その前に著者が上記の主張をするにあたってどのように議論を展開しているのかを紹介しよう。本書は4章構成である。

第1章は、「日本企業における賃金制度改革の動向」である。まず、非正規労働者の雇用慣行と賃金制度について著者の想定が述べられている。非正規労働者の雇用慣行について、著者は「職務基準雇用慣行」と呼ぶ。正規労働者の雇用慣行は「属人基準雇用慣行」とし、「職務基準雇用慣行」はこれと対比する概念として提示されている。そして、非正規労働者の賃金制度は「時間単位給」とする。これは著者の用語であり、「職務価値給」（これも著者の用語である）の中の1つであるという。

著者は、日本企業で働く非正規労働者が増加するということは、日本企業で「職務基準雇用慣行」が普及し増加するということであり、「職務価値給」の1つである「時間単位給」が普及し増加することを強調する。その上で、エコス社とスーパーモリナガ社の事例を踏まえ、「時間単位給」の「範囲レート職務給」への近似化について検討する。スーパーマーケット業界ではパートタイム労働者の能力開発を重視し、そのための人事施策を発達させているが、見方を変えるとそれはパートタイム労働者の「時間単位給」を「範囲レート職務給」へ近似化させる人事施策となっていることを著者は強調する。

非正規労働者の議論のつぎに、正規労働者の議論がなされている。正規のホワイトカラー労働者の賃金制度改革について、著者は役割給が普及し始めていることを指摘した上で、役割給は「範囲レート職務給」に近いとする。また、正規の生産労働者の賃金制度について、著者は「範囲レート職務給」が導入されている可能性を示唆している。

このように、著者は現在の日本において、非正規労働者、正規のホワイトカラー労働者、そして正規の生産労働者の賃金が「範囲レート職務給」に移行する動向があると指摘している。

第2章は、「賃金形態の分類を考える」である。まず、「賃金形態」という言葉について説明すべく、「賃金体系」と「賃金形態」との関係について説明している。正規労働者に支払われる月給は、複数の賃金項目によって構成されていることが多いが、その総称として「賃金体系」という言葉が使われる。正規労働者の月給の「賃金体系」は「基準内賃金」と「基準外賃金」に分けられることが多く、「基準内賃金」は「基本給」と「手当」に分けられることが多い。「賃金形態」は、主に、「基本給」を構成する賃金項目それぞれについての、賃金の決め方のことであるという。

この「賃金形態」と雇用慣行には密接な対応関係があるとする。これは、日米の比較の上で、そのように述べる。著者は、「属人基準賃金」と「職務基準賃金」という著者の言葉を用いて「賃金形態」を2つに大分類している。それぞれ雇用慣行でいえば「属人基準雇用慣行」と「職務基準雇用慣行」とされる。「属人基準雇用慣行」とは一般的にいわれる「日本的雇用慣行」と同じものであるという。そして、雇用慣行が変わるならば、社会全体のシステムも変わる可能性が大きいとする。

最後に、現在の日本の賃金は、全体として、「職務基準賃金」の中の「職務価値給」の1つである「範囲レート職務給」に移行しつつあると理解すべきだ、と繰り返し述べる。

第3章は、「賃金制度改革の背景――一九六〇年代型日本システムの成立と崩壊」である。「一九六〇年代型日本システム」とは著者の作った言葉であり、雇う側に「日本的雇用慣行」すなわち「属人基準雇用慣行」という特徴があり、雇われる側の家族は「男性稼ぎ主型家族」（male breadwinner familyの訳とされる）という特徴があるとする。そして、両者はお互いに必要とし、そのため強固に結びついた社会システムであるという。

著者は、「一九六〇年代型日本システム」は1960年代に成立し、約30年を経て、1990年代半ばから崩壊の道を辿っていると考えている。この「一九六〇年代型日本システム」が崩壊しつつあることを経営者側が受け止めた結果の1つが、経営者側による賃金制度改革の主張だという。その背景は、多数の労働者を長期雇用することが困難となっていること、労働者を長期雇用することが企業側にとって有利でなくなっていること、女性労働者と外国人労働者の仕事能力を活用しないことの不利さが増加していること、女性と非正規労働者への差別を内包する「一九六〇年代型日本システム」は持続可能性がないこと、家族構成の多様化が今後も進み、「男性稼ぎ主型家族」を標準モデルにますますできなくなってきていること、を挙げている。

そして、「一九六〇年代型日本システム」は崩壊しつつあるため、非正規も正規も労働者の階層化が進んでおり、それが労働者にとっては、さしあたりつぎの3つの問題現象を生じさせているという。すなわち、低賃金の非正規労働者の著しい増加につながり、正規労働者に代替するという事態に至っていること、若者の正規労働者が「ブラック企業」の餌食となっていること、そしてワーキングプアの1人親が主に家計を維持し、その子どももまたワーキングプアになる可能性が高いこと、である。

第4章は、「新しい社会システムに向けて―同一価値労働同一賃金をめざす賃金制度を」である。著者は「一九六〇年代型日本システム」は崩壊しつつ存続しているという。そのために、多くの問題現象が起こっているのだが、それを克服するために、どのような社会システムをめざすのがよいのかといえば、著者の答えは究極的には「職務基準雇用慣行」と「多様な家族構造」の組み合わさった「新しい社会システム」だという。これらはお互いに必要として結びついているのではなく、相互に許容できるという組み合わせであり、「一九六〇年代型日本システム」が抱える諸問題をすべて是正できると主張する。そして、この「新しい社会システム」のもとで、究極的には、賃金制度は「範囲レート職務給」となるはずであって、それに対して、「同一価値労働同一賃金」の考え方で職務評価を行うという社会的規制を加えなければならないという。

著者は、賃金制度に限らず、「新しい社会システム」を構成する諸要素について、労働政策も、社会保障政策も、税制度も、やるべき研究開発と工夫は多いとする。そして、こうした研究開発と工夫について、著者は若い世代が取り組むことを期待している。著者が本書を執筆したのは、できる限り整理した見取り図を示すことによって、若い世代の取り組みを促進したいと思ったからだという。また、企業内労働組合へも期待している。スト資金の利子分を投入することによって、「新しい社会システム」への研究開発と工夫を支援すべきだとする。それにより、世界に誇ってよい企業内労働組合の新たな達成が示されるという。

以上が本書の概要である。1章から3章までは、「一九六〇年代型日本システム」が崩壊しつつあるという著者の主張を説明するために費やされている。ここまでの流れだと、「一九六〇年代型日本システム」から「新しい社会システム」へと、黙っていても転換するかのように軽快な論調で書かれている。しかしながら、第4章の最初の一文では一転して「一九六〇年代型日本システムは崩壊しつつ存続している」(136頁) と歯切れが悪くなる。それはなぜか。

著者は、正規のホワイトカラー労働者において普及が進んでいる役割給を「範囲レート職務給」に近いとしている。「現在の日本で、なぜ経営者側は賃金制度改革を主張するのか。この理由を一言でいえば、これまでの社会システムである『一九六〇年代型日本システム』が崩壊しつつあり、それを経営者側が受けとめた結果の一つが、経営者側による賃金制度改革の主張だ、ということだ」(100頁)、そして現在の日本の賃金は「範囲レート職務給」に移行しつつある、このように理解すべきだ (96頁)、と主張する。だが、他方で「役割は職務ではない。

役割給を職務基準賃金と分類することには、なお留保が必要だ」（54-55頁）と述べる。この考察は、「日本の賃金制度の主流は現在もなお属人基準賃金」（169頁）という指摘につながる。ここに著者の苦悩が見受けられるのである。だからこそ、第4章の冒頭で歯切れが悪くなるのであろう。

結局のところ、「現在の日本の賃金は『範囲レート職務給』に移行しつつある」のではなく、「日本の賃金制度の主流は現在もなお属人基準賃金」であるというのが実態なのではないか。そして、このような現実を目の前にして、いかに現状を少しでもよいものへ変えていくか知恵を出す必要があるだろう。ここ数年、限定正社員の拡充や非正規労働者の賃金の役割給化などの取り組みが思考されてきている。著者が描くような「新しい社会システム」への抜本的転換による解決とまではいかないが、実践するに値するものと評者は考えている。

日本労働社会学会年報第26号〔2015年〕

今野晴貴著

『生活保護
——知られざる恐怖の現場——』

（ちくま新書、2013年、新書判、254頁、定価800円＋税）

平川　茂
（四天王寺大学）

本書は、2006年にNPO法人「POSSE」を立ち上げて若者からの労働相談に応じてきた著者が、2009年からは生活保護の相談も受けるようになり、そこでの相談事例に基づいて、2000年代半ば以後のこの国の生活保護の実態を詳細に報告したものである。とはいえ、この時期は労働相談にせよ生活保護相談にせよ、膨大な数にのぼったから、著書が依拠する相談事例にしても、その数は著者が単独で応じたものよりも「POSSE」のスタッフたちが受けた相談のほうがはるかに多くなっている。その意味で「本書は20代の学生・社会人のスタッフたちが、日々相談を受け、現場で奮闘してきた取り組みの報告」ということができる。

こうした相談事例に基づいて、2000年代中頃から2013年初めまでの、この国の生活保護現場を、著者は、福祉事務所職員の膨大な労力が受給者の生活の向上と自立の促進にではなく、むしろ彼らの「貧困をますます加速させていく」ことにしかつながっていないと特徴づけている。なぜ、こうした皮肉な結果になるかといえば、それは、この間の生活保護現場に横行しているのが福祉事務所職員による受給者の人権を無視した違法な対応（著者は「違法行政」と表現している）だからである。

著者は福祉事務所職員の違法な対応として次の3つを挙げている。①保護の申請を受け付けない（「水際作戦」）、②申請を受け付けた場合でも、受給者を支援するのではなく、受給者をもっぱら監視と管理の対象として扱う（「不適切な『ケースワーク』」）、③保護の必要がなくなったわけではないのに、強制的に保護を終わらせる（「保護からの追い出し」）。

では、なぜ、こうした違法な対応が行われるのか。著者によれば、①と③を引き起こしているのは、この間の受給者の増加に伴って増大してきた保護費を削減したい（少なくとも増大の割合を抑制したい）という国および自治体の財政上の要請である。この要請は、これまでも、とりわけ受給者が増加する時期に強くなされてきており、それは生活保護の現場では「適正化」と呼びならわされている。著者がこの著書を準備していた時期に重なると思われる2012年5月以後にあっては、高額所得の芸能人の母親が生活保護を受給しているという週刊誌の報道をきっかけに「生活保護バッシング」が激しくなり、その後さらに「水際作戦」と「追い出し」に拍車がかかることにつながっていた。

②を可能としているのは、福祉事務所職員（ケースワーカー）と受給者の間に見られる「権力の絶対的非対称性」である。具体的には、それは、福祉事務所職員は（申請時の資産・収入・家族関係などの調査に加えて）受給開始後においても受給者の病気療養・就職活動・収入や世帯の変更に関して調査を行ったり、申告を受けたりすることを通して、受給者のプライバシーに関わる詳細な情報を入手することができるということ、また受給者が、職員の指導・指示に従わなかったと考えられる場合には保護の打ち切りに関する権限を福祉事務所職員が行使することができるということである。

著者は、保護開始後、職員が行う「違法行為」（相談事例に含まれたり、事件となってメディアで報じられたりした）として以下のものを挙げている。すなわち「暴言と脅迫」、受給者の「私生活への介入」、（例えば引っ越し費用といった本来生活保護制度から支払われるべき費用を支給しないなどという形で）「制度を使わせない」こと、（例えば受給者が息子のアルバイト収入まで申告しないといけないとは思わなかったがゆえに申告しなかったことをもって「不正受給」とみなすなどといった）「制度を悪用したパワハラ」などである。著者によれば、こうした「違法行為」の温床として、上に見たような職員と受給者の力関係の絶対的非対称性があるのである。

福祉事務所職員のこうした一連の違法な対応は、生活保護制度の本来の目的である、受給者の（健康で文化的な最低限度の）生活の保障と自立の助長を著しく困難にしている。すなわち、この国の生活保護制度は機能不全に陥っているのである——これが生活保護現場の実態報告から著者が導き出した結論である。

ではどういう処方箋が考えられるのだろうか。著者は、現在のように受給申請者の中から厳しい選別に耐えた者だけに受給を認めるというやり方ではなく、「国民・住民の最低限の保障（ナショナルミニマム）」を設定して、その水準に満たない人すべてに受給を認める方法を提案している。

著者が、こうした「『ナショナルミニマム構築』への転換」を提案する背景には現行の生活保護制度の下では、申請時において過酷な選別の試練に耐えなくてはいけないという事情があるゆえに、生活保護の申請が、当の申請者にとって「すべての尊厳とプライバシーをかなぐり捨ててでも、『死ぬよりはましだ』という強い決意のもとに行われる、『最後の挑戦』になってしまっている」という事情がある。しかも、こうしてやっとのことで受給にこぎつけることができたとしても、給付される金額たるや、健康で文化的な最低限度の生活には値しない（「交際費を捻出する余裕もなく、冠婚葬祭にも参加できない」）水準なのである。

生活保護制度のこうした実際のありようは、たとえ現実の生活が生活保護基準に満たなくても、生活保護を受給することを断念して過酷な労働に耐えることを覚悟した膨大な人々を生み出している。その中には、心身の限界すれすれで働きながら、しかし生活保護を受けるよりはマシだと考えてブラック企業に踏みとどまっている若者もいる。このようにして多くの人々が生活保護制度から遠ざけられ、（ブラック企業で働く若者に典型的であるような）「人間破壊的労働」に耐えなくてはいけないとすれば、それは結局のところ「社会の活力を低下させることになる」だろう。「人間破壊的労働の促進は、ブラック企業にとっては『好都合』かもしれないが、日本社会全体としてみれば、滅びへの道である。人間が大切にされず、荒んでいけば、創造性は絶え、何も生み出すことはできないのである」。こうして著者による先の処方箋が有意義であることがわかるのである。

しかしながら著者が「はじめに」で述べていた、この著書の意義――「これまでの生活保護論にない、新しい問題提起」をする、「日本全体にとってあるべき福祉の姿」を提示する、「生活保護問題の『考え方』の大きな転換」を図る――が、詰まる所「『ナショナルミニマム』構築への転換」であるとすれば、それは読者をかなり落胆させるものである。なぜなら、この提案は、すでにこれまでにも多くの論者によってなされてきているからであり、また著者がこの著書を準備している時点で、すでに「生活保護法」改正および「生活困窮者自立支援法」の内容にしてもほぼ明らかになっていたことを思えば、この提案は緻密さに欠けるといわざるをえないからである（前者の改正と後者の制定は2013年12月13日、前者と後者の施行はそれぞれ2014年4月1日、2015年4月1日）。

確かに生活保護法の改正によって、受給申請の壁は一層分厚くなり（申請書提出の原則義務化、義務を果たしていないと思われる扶養義務者にその旨通知する）、保護を認められた後の受給者の生活態度に関する注文も厳しくなった。また不正受給に対する罰則も強化された。その限りでいえば、この改正は著者がめざす方向とは真逆のものである。しかし、この改正によって「就労支援事業」の推進も盛り込まれたし、「就労自立給付金」も実現した。前者は2000年代に入って多くの自治体で推進されてきた取り組みであり、後者は、保護受給中得た収入の一部を貯蓄に回して自立に備えるというもので、これまで久しく要望されてきたものであった。

また「生活困窮者自立支援法」とは、現在経済的に立ち行かなくなっており、そのままにしておけば、生活保護受給の申請をするしかなくなる人に対して、自治体が「相談」を受け、必要な人には「就労訓練」を提供したり、「住居確保」のために家賃を給付するものである。この法律もまた、先の就労支援事業や就労自立給付金と同じく、2000年代以後その必要性について多くの議論がなされてきた（生活保護法を補う）「第二のセーフティネット」という考えが具体化したものということができる。

もちろん（改正生活保護法における）「就労支援事業」にしても、（生活困窮者自立支援法における）「相談」や「就労訓練」、「住居確保」にしても問題がないわけではない。とりわけ、著者が詳細に批判しているように（「就労支援事業」と「就労訓練」で中心的な位置を占める）「中間的就労」は、その目的が経済的自立ではなく、日常生活自立、社会生活自立である以上、最低賃金以下でも許されることになる点で、就労先の事業体のあり方次第では「貧困ビジネス」に利用される可能性がないわけではない。しかし、だからといって今回の改正生活保護法と生活困窮者自立支援法の消極面と積極面をともに考慮したうえで、それらが生活保護のあるべき姿にとってどういう役割を果たすことになるかを考えることなく、「『ナショナルミニマム構築』への転換」を主張することは、その前の各論を省いている点でやはり緻密さに欠けるというそしりを免れないだろう。

日本労働社会学会年報第26号〔2015年〕

今野晴貴著

『ブラック企業ビジネス』

（朝日新聞社、朝日新書、2013年、新書判、232頁、定価760円＋税）

阿部　真大
（甲南大学）

冒頭すぐ、「同書での私の主張は、ブラック企業問題は単なる違法企業の問題ではなく、国家全体をゆるがす『社会問題』なのだという点に尽きる。ブラック企業は若者を鬱病に追い込むことで国家・社会の運営をも危機に陥れるのだ」（強調は本文、4頁）と今野は断言する。直後、厚生労働省がブラック企業の対策に乗り出すと表明したことが述べられ、若者の「使い捨て」が疑われるブラック企業が放置されると「国家再興戦略」が成り立たなくなり「日本の国の将来はない」と語った田村憲久（のりひさ）厚生労働大臣（2013年8月当時）の記者会見が紹介され、一定の評価が下される（「こうした政府の取り組みは、問題の解決に向けた大きな第一歩である」、4頁）。

こうした記述から分かるように、本書は、ブラック企業の問題を、個々人の人権の問題と言うより、国家や社会の運営上の問題として強調している点に特徴がある。つまり、「このままブラック企業を放置しておくと、国や社会が成り立たなくなりますよ」ということを警告しているのである。

こうした視点は、「社会」を研究対象とする社会学者に極めて近い。「社会」というシステムは、様々な領域に分かれており、それぞれがときに自律的な、ときに依存的な関係を結びつつ、うまくまわっている（もしくはうまくまわっていない）。こうした視点から導きだされるのは、「経済」という領域だけがうまくいっていても「社会」は崩壊する可能性があるということであり、「社会」が崩壊してしまえば、そのなかで機能している「経済」も打撃を受ける可能性が高いということである。今野の言う通り、ブラック企業のおかげで大量の若者が鬱病にかかれば、労働者人口は減るだろうし、彼らが働けなくなれば、社会保障費もかさんで国家財政が危うくなるかもしれない。そうなれば、ブラック企業そのものが立ち行かなくなる可能性もあるのだ。

しかし、往々にして、「経済」は、それだけが「社会」を構成するものであるかのように捉えられ、暴走しはじめる。それを支えるのは、本書の「おわりに」で今野の言う、「『ビジネス』への信奉」である。それは「市場に任せさえすれば、何事もうまくいく」という考えや、「ビジネスこそが社会問題を解決できる」という考え方である。本書は、こうした「市場万能主義」が広まるとどのような事態が起こってしまうのかを、徹底した調査と自らの体験から明らかにしていく「告発の書」である。

ただし、『ブラック企業　日本を食いつぶす妖怪』（文春新書、2012年）をはじめ、「ブラック企業」そのものに関する著書は、今野は既に多く発表している。本書のオリジナリティは、こうしたブラック企業を支える専門家、いわゆる「ブラック弁護士」や「ブラック社労士」に光をあてたことである。一口に「ブラック企業と戦う」と言っても、実際の交渉の相手は彼らである。これは、長年、彼らに苦しめられてきた実務家でもある今野ならではの視点と言えるだろう。

第1章では、手始めに、長々と必要のない書類を作成し、書面作成費を会社に請求して報酬を得ようとする弁護士や、証拠がすべてそろっていて絶対に勝てるはずがない事案であっても、屁理屈をこねまわしたり、文句をつけたりして強硬な姿勢を見せて事態を先に進めないことで、訴訟をあきらめさせようとする弁護士の事例が臨場感たっぷりに紹介される。この段階で、読者は想像とはかなり異なる弁護士たちの姿にあきれかえることだろう。

その上で、第2章から第6章では、「ブラック士業」の「手口」が三つのパターンに分類されて紹介される。

一つ目は「脅し」である。これは、弁護士・社労士といった専門家の権威を悪用した手法である。「弁護士がついている」とか「弁護士から書面を出す」と言うことで、労働者を心理的に追いつめ、企業を訴える気を削ぐ。ブラック弁護士は、自身の権威によって相手を脅す「名義貸し」となるのである。

二つ目は、訴訟・係争費用で相手を怖じ気づかせる手法である。これは、実際に裁判を起こす実行力によって、相手の金銭的・時間的負担を引き起こし、圧迫することで相手を封じ込めることを目的とするもので、今野は「費用の政治」と呼んでいる。実際に今野がユニクロとワタミから「脅し」ともとれる通告書を受け取っていることが生々しく報告され、また、こうした「恫喝的訴訟」が、「スラップ訴訟（SLAPP）」と呼ばれ、世界的に問題となっていること、「費用の政治」がもっとも牙を剥く「組合潰し」の事例も紹介される。

三つ目は、法制度を意図的に「誤用（濫用）」し、当事者を混乱させ、紛争を無限に拡散させていく方法である。ブラック士業は、経営者の違法行為をビジネスチャンスと見て積極的につくりだしていく。経営者に対する、ルールを無視するような呼びかけは、たとえば「残業を支払わなくてよい方法」や「労組対策」といったおびただしい数の「指南書」としてあらわれている。また、残業代不払いにおける高額の報酬請求の問題に象徴的なように、彼らは貧しい労働者をもターゲットとする。

しかし、彼らも好き好んでこうした仕事に手を染めているわけではない。その背景には、国が推し進めた一連の司法制度改革がもたらした法律業の「ビジネス化」がある。それによって、弁護士が「貧困化」したと今野は主張する。「報酬の獲得」を第一に考えなくてはならない弁護士事務所は、裁判規模の拡大や裁判件数の増大、事件の引き延ばしや成功報酬の割合増大といったかたちで、利益を追求せざるをえない。「このような大手事務所を支えているのは、就職難と貧困化に喘ぐ若手弁護士たちなのだ。彼らの中には、高い志を持って弁護士になった若者たちも多くいる。それでも、弁護士として生き残るために過剰に利益を追求する『法務サービス』の片棒を担ぎ、能力や技術を身につけることもできずに、混沌とした状況に拍車をかけてしまう」（189頁）。ブラック弁護士自身もまた、「市場万能主義」の被害者と言えるのだ。

続く第7章では、ブラック企業を支える（支えざるをえない）のは、ブラック士業だけではなく、学校や困窮者支援団体、家族までもが、その加担者となっていることが明らかにされる。「ブラック企業は、従来の社会関係の『信頼』を糧としてこれを食い潰していく」（215頁）。「信頼」が失われた社会で人々がもがいている状態を、今野は「アリジゴク」にたとえる。「アリジゴク社会」こそ、「『ビジネス』への信奉」がもたらした社会の姿である。

最終章では、こうした状況を乗り越えるための方途が示される。それは、「ビジネス」の論理で動かない「本当の専門家集団」をつくること、個々人が「戦略的思考」をもって行動すること、学校で「ワークルール教育」(「自分を責めないこと」、「勤務記録を付けること」、「専門家に相談すること」の三つをきちんと教える)を普及させることである。これらの活動を通じて、「壊れた社会」を少しずつ修復していくことが提案される。

本書を読むと、冒頭で今野が主張していたように、「ブラック企業の問題を放置しておくと、社会が成り立たなくなる」ことがよく分かる。しかし、ひょっとしたら、そのような社会のもとでも、国家は壊れず、生き延びるかもしれない。つまり、「ブラック企業の問題を放置しておいても、国家が成り立つ」ということは十分に起こりうるし、そのような国家を我々は過去も現在も、いくつも知っている(近代日本の貧困に関する優れたルポルタージュや社会調査の数々は、かつての日本もそうであったことを、今に伝えている)。たとえば今なら、ブラック企業に使い捨てられ、鬱病になった若者たちを社会に「包摂」せず社会から「排除」し、一定の階層以上の人々からは見えにくい「スラム」に閉じ込め(もしくは彼らに侵入されない「ゲーディィッド・コミュニティ」をつくり)、代わりの労働力は国外から、より低賃金で調達する。そんな、ブラック企業を前提とした「国家再興戦略」もありうる(そもそも、ブラック士業を増殖させることになった司法制度改革は、国によって先導されたものではなかったか)。「壊れた社会を前提とした国家」はまさしく「ブラック国家」と呼ぶにふさわしい。この点こそ、最初に挙げた本書の冒頭で、今野が国家と社会を並べて論じていた際、評者が気になっていた点である。

しかし、そのあたりについては、今野は比較的、楽観しているようだ。本書の最後では次のように述べられる。

> 今、私たちは思考を転換しなければならない。そして、新しい社会の仕組みづくりに動き出さなければならない。日本が民主主義社会である以上、その使命は私たち一人一人の手に委ねられている。(強調は本文、228頁)

日本が民主主義国家である以上、社会が壊れていることにひとりひとりが気づき、行動すれば、社会は変わる。そんな当たり前に思えることも、みずからNPO法人「POSSE」（ポッセ）を立ち上げ、若者の労働相談を通じて、多くの若者を行動へと向かわせてきた今野が言うと重みがある。ブラック企業の問題を我々はどう受けとめ、何をするのか。そこに日本の民主主義の行く末がかかっている。民主主義を手放せば、厚生労働大臣がブラック企業について口にすることもなくなり、日本は「ブラック国家」へと真っ逆さまだろう（堂々と「国の将来は明るい」と言い切る「ブラック国家」の政治家たちを、我々は知っている）。一見、楽観的に聞こえる今野の言葉は、我々ひとりひとりに、考え、行動することを迫ってくる。本書は、ブラック企業を抱える社会を生きる日本人に向けられた「啓発の書」でもある。

早川征一郎・松尾孝一著

『国・地方自治体の非正規職員』

(旬報社、2012年、A5判、203頁、定価2,000円+税)

戸室　健作
(山形大学)

本書の目的・課題は、「国・地方自治体における非正規職員の実態について、これをさまざまな側面から解明しようとする」(3頁) ことである。具体的には、国・地方自治体の非正規職員とは法制度的にどのような存在なのか、なぜ常勤以外の国・地方公務員が大量に存在するようになったのか、どのくらいの人数で存在するのか、彼らの仕事内容や雇用条件はどうなっているのか、彼らの労働条件の改善に取り組んでいる労働組合の組織化の現状はどうなっているのか、そしてこの問題を解決するためのどのような政策提言が可能であるのか等である。これらを解明するために、本書は法制度的接近方法、歴史的接近方法、文書資料収集・分析的接近方法、公務関係者からの聞き取りといった方法を駆使している。

「序章　国と地方公務員の人数と非正規公務員の位置づけ」では、国と地方公務員の種類と人数の全体像が概観される。正規採用の国家公務員は約64万人、地方公務員は約280万人、一方、国における非正規職員は約14万2千人、地方におけるそれは約60万人という数が示される。また、公務員の定員数決定の法的根拠が示され、定員内職員(正規職員) と定員外職員(非正規職員) とでは、公務員としての服務が共通して求められるにもかかわらず、雇用の安定性や労働条件において後者は非常に劣っている点が指摘される。

「第1章　戦後日本における公務員の定員政策と臨時・非常勤職員問題の歴史的変遷」では、戦後の定員政策の変遷と公務員数と非正規職員数の推移が示される。本書によると、「公務員の定員抑制政策は、戦後、高度経済成長下の一時期、事実上の修正を余儀なくされたが、今日まで基本的には一貫して変わっていないと言うことができる」(31-32頁) とのことである。そのため、国家公務員数は

1969年度以降横ばいとなり、その後減少する。また、地方公務員数は1980年までは増えていたが、その後横ばいとなり、やがて減少する。特に2000年代に入ってから国家公務員と地方公務員の数は劇的に低下することが示される。

非正規職員数については、国家公務員で見ると、1955年に常勤国家公務員数と同程度の数に達し、その後は減少したとは言え、少なくとも1980年代以降、常勤国家公務員数の4割台という高い比率のまま推移した。2000年代に入ると独立行政法人化によって非正規職員数はさらに減少するが、それでもなお約14万人が存在し、これは常勤の一般国家公務員数の50%強（2011年）という高い比率を占めている。一方、地方公務員の非正規職員数は、1980年代前半以降急増し、現在に至っていることが示される。地方行政改革の進展によって、自治体が非正規職員に大きく依存している実態が示される。

「第2章　国における非常勤職員問題」では、国の非常勤職員の仕事内容、労働条件等が解明されている。国の非常勤職員のほとんどは女性であること（54頁）、日々雇用職員の8割以上が地方出先機関等という住民に身近な職場で勤務していること（58-59頁）、彼らの多くが雇い止めの不安を抱えていること（69頁）、賃金は公務員初任給水準と同程度で昇給がないこと（77頁）等が、限られた資料の制約を受けつつも明らかにされている。

「第3章　地方自治体と地方公務員をめぐる制度政策とその改革動向」では、地方自治体における非正規職員の問題を論じる前提として、1980年代以降の地方自治制度改革の変遷と、それに伴い地方公務員数がどのように推移したかが示される。特に、2000年代以降の「改革」は、「むき出しの新自由主義的政策理念に基づくものと言い得る」（95頁）ものであって、それにより公務員数の減少が加速しているとのことである。

「第3章補論　公務労働の公共性と市場主義的公務改革の意味」では、まず、公務労働の「公共性」に関するこれまでの議論を踏まえ、近年、人口に膾炙されるようになった「新しい公共」論を検討する。著者は、政府が言うその考えは結局、「自治体は、企業・NPOなどの事業体の管理・委託の機能を担えばよいということにもなりかね」ず、それは「一種の民営化論の域を出ない」（107頁）と述べている。また、実際の公務改革の進展においても、顧客主義や、構想と実行の分離等が強化されることによって正規公務員の専門性が育成されず、ますます非正規職員の活用やアウトソーシングが進む恐れを指摘している。

「第4章　地方自治体における臨時・非常勤職員の種類・数と職務内容、賃金労働条件」では、非正規職員の中で臨時的任用職員の割合が高いこと（119頁）、任用根拠条文が異なる非正規職員が同じ職種で使用されていること（123頁）、非正規職員は出先を中心とした住民生活部門で多く使用されていること（145頁）、非正規職員の賃金額は高卒一般行政職初任給程度の低水準であること（157頁）、一時金や退職金もほとんど支給されず、昇給制度もほぼないこと（162頁）、再度任用の回数に上限を設けている市町村等も少なくないこと（163頁）などが明らかにされている。

「第5章　地方自治体の臨時・非常勤職員をめぐる政策動向と労使関係、労働組合」では、国の動向として2009年4月に出された総務省通知を検討し、国は非正規職員の再度任用を条件付きながら認めていること、あるいは「雇い止め」時における自治体側の配慮についても同通知は言及していること（169頁）等を紹介する。また近年、雇い止めに関する判例の動向として、任用継続の「期待権」を賠償の対象にし、その侵害について慰謝料払いを命じる判決も現れてきていること（175頁）も紹介されている。労働組合の動向としては、自治体の非正社員で組合（自治労系）に組織されている割合は5%以下（181頁）と少ないが、自治労と自治労連は、委託民間企業を含めた公共サービス労働者の幅広い組織化、中でも非正規職員の組織化を最重要課題として取り組んでいること（184頁）が述べられる。ある自治体単組の先進的な取り組みとして、非正社員でも昇給可能な賃金制度を拡充させている事例（185-190頁）は注目に値する。

「終章　臨時・非常勤職員問題解決の基本的観点と課題」では、非正規職員問題の解決のために必要な観点と課題を提起している。それによると、行政サービスの適正な「量」および「質」を確保するために、現状の定員削減政策に歯止めをかけることを前提にして、当面は、①非正規職員の定員化・本務化、②正規職員を希望する非正規職員の任用替え、③正規職員として中途採用する場合は非正規職員の職務経験の積極的評価などの実行を提案している。また、非正規職員の処遇改善策として均等待遇が必要であるが、それだけでなく、外部委託の進展によって大量の公共サービス関連労働者が存在していることを考えると、公契約基本法および公契約条例の制定により労働諸条件の底上げを図ることが必要であると述べられている。

非正社員の問題は、これまで民間企業における問題とされてきた。しかし、近年、国や地方自治体の職場でも多くの非正社員が活用されていることが知られるようになり、「官製ワーキングプア」という言葉まで使われるに至っている。

そうした中で本書の意義は、何より学術書として早期にこの問題を直接取り上げて検討している点である。「官製ワーキングプア」問題に関心が高まっているまさにその時期に、確固とした知見に基づいて問題の実態や背景を分析した本書は、アカデミズムに求められる社会的要請にみごとに応えている。さらに、今後、国・地方自治体の非正社員問題を研究しようとする者は、本書の内容を踏まえて研究に当たることになるだろう。先行研究として参照されるべき研究書の地位を、本書は既に確立している。

さらに本書は、国・自治体の非正規問題について、その歴史や雇用条件、労使関係、法律関係、公共性を巡る議論など、幅広い領域を扱っている。本書を一読すれば、当問題を一通り理解できるような仕組みになっており、非常に有意義である。

本書を読んで気になったことは、いま本書は国・自治体の非正規問題について幅広い領域を扱っていると述べたが、当事者である非正規労働者の属性や意識についての記述がやや不足していることである。非正規職員には女性が多いということは示されるが、どのような経緯で、あるいはどのような思いを持ちながら、その仕事に従事しているのか、その点についての傾向が分かる資料を、資料の制約があって難しいとは言え提示してほしかった。本書146-148頁には、ある自治体で働く非常勤職員9名のキャリアが聞き取り調査によって記述されているが、これだけでは一般性に欠ける。非正規職員の属性や意識の解明は、非正規職員の労働条件向上の可能性を探るために必要な作業であろう。

また、本書の分析対象は、国や地方自治体に直接雇用されている非正規職員に基本的に限定されている。しかし、近年、国や地方自治体では業務の外部委託化が大きな問題となっており、本書132-136頁でも「民間委託の動向」が記述されている。また、184頁では、「自治労・自治労連ともに、地方自治体が直接雇用する職員のみならず、委託民間企業を含めた公共サービス労働者の幅広い組織化を重視している」と述べられている。そのことを考えると、「官製ワーキングプア」の現実はより深刻化しており、今後は直接雇用の非正規職員に分析対象を限定してしまうと、事の本質を明らかにすることは難しい状況になっていると言えるだろう。民間委託された職場で働く労働者の雇用実態や組織化の課題についても解明が必要とされる。

以上、気になったことについて述べたが、本書は国・地方自治体で働く非正規職員問題について、基本的な事柄を綿密な調査に基づき提供しており、この問題に関心のある全ての人に一読を勧めたい。

日本労働社会学会年報第26号〔2015年〕

筒井美紀・櫻井純理・本田由紀編著

『就労支援を問い直す
――自治体と地域の取り組み――』

（勁草書房、2014年、A5判、240頁、定価3,000円＋税）

石田　光規
（早稲田大学）

1．本書の位置づけ

内容の紹介に入る前に、労働社会学研究における本書の位置づけを確認しておきたい。本書は、生活保護受給者や母子世帯などの「就労困難者」の就労支援を研究対象としている。そのさい、これまで労働／福祉の二分法で捉えられがちであった両概念を超克し「働き方・生き方の可能性」（10頁）を探る試みをしている。

労働／福祉の二分法の超克と両概念を架橋しつつ「生き方の可能性」を探る試みの登場は、日本社会において1990年代後半に生じた労働社会の変化を象徴的に表している。すなわち、これまで、“搾取の対象”として捉えられがちであった労働を“福祉のツール”として捉え直す視点である。

1990年代以降に発生した社会構造の変化により、標準的ライフコースを想定した人生を歩むことは難しくなった。そこで注目されたのが労働を基軸とした人びとの社会への包摂である。労働を基軸とした社会的包摂はワークフェア、アクティベーションといった言葉を借りて、福祉学や政治学研究で先行的にかなり議論されてきた。しかし、これらの議論は政策的提言が多く、じっさいの現場の状況にまで立ち入った言説はほぼ見られなかった。

本書は、その間隙を埋め、福祉のツールと化した労働の実態を詳細な実証研究を通じて丹念に検討している。今後、労働社会学においても疎外・搾取ではなく、福祉・包摂の視点から労働を捉え返す研究が多数なされることだろう。今後ますます活況を呈するであろう研究領域の嚆矢として、本書は高い意義をもつ。

2．内容紹介

それでは、次に、本書の内容を紹介していこう。本書は序章、終章を加えると12の章から構成される。12の章は、国の制度や調査自治体の概要を説明した第1部（第1章、第2章）、横浜市のデータを扱う第2部（第3章～第5章）、豊中市のデータを扱う第3部（第6章～第10章）に大別される。これらの章が有機的に連関することで、就労支援の実態を深く理解することができる構成になっている。つまり、目配りが行き届いているということだ。以下、全体の流れについて手短にまとめよう。

序章と第1部は研究の導入部にあたる。序章、第1部を通じて就労支援研究の意義、就労支援の社会的・制度的背景、調査概要が明らかにされる。そのなかで強調されるのが緻密な実証研究を通じて、就労支援を検討する姿勢だ。これまで、就労支援に対しては、「行政が実施するのは無駄だから民間に任すべきだ」「生活困窮者の劣悪な労働への再編入だ」といったイメージ先行の批判が見られがちであった。本書はこうした議論と一線を画し、緻密かつ多面的な調査を通じて、深く実践的な議論の場を提供している。

その議論の核となるのが、第2部および第3部の実証研究の成果である。本書で展開される実証研究は二つの意味で底堅いものとなっている。第一に、横浜市（第2部）、豊中市（第3部）という規模・制度の異なる自治体の就労支援事例を比較・検討することで、幅広い範囲に応用可能な議論を展開している。第二に、就労支援について、行政、民間事業者、社会的企業といった多様な事業主体の視点から検討することで、就労支援の実態を多面的に明らかにしている。

排除の発生が現実問題となっている現在、理想論や単純な批判のぶつけ合いでなく、実態を踏まえた議論はもっとなされてもよい。本書は、就労支援の現状および課題を検討する上で数多くの話題を提供してくれる。以下、個別の章の内容に触れているほどの紙幅はないので、とりわけ評者の目を惹いた部分のみをまとめていこう。

3．本書で展開される就労支援の現状

(1) 行政の視点での就労支援

本書を通じて示されるのは就労支援の現場の「ままならない現状」だ。「生活困窮者」として解釈されがちな生活保護受給者（世帯）は、バブル崩壊後の1990年代から増え続けている。受給世帯数の急増とともにケースワーカーの担当世帯数も増え、いまや家庭訪問すらもままならないほどだ。加えて、ケースワーカーは若くて経験の浅い人が多いため、支援提供の技能も充分ではない。こうした事情の累積が、就労を基軸とした支援をいっそう困難にさせている（第3章)。

実際のところ、生活困窮者への就労支援は、「費用削減」という観点からすれば、その効果はさほど大きいものではない。しかし、「困窮者の就労」という事実は、彼ら／彼女らに「誰かの支えになっている」「自ら稼ぐことができる」という自己肯定感を生み出すと同時に（第3章、第8章)、ヤツとワレワレという分断を生み出しがちな生活保護受給者とその他市民との相互理解を生み出すことができる（第8章)。これらの効果は、経済合理性のみでは計れないものである。「生活困窮者を支援すること」の意味合いをするどく問いかける第3章、第8章は、生活保護受給者を批判的に捉えがちな人びとにぜひとも読んでほしい。

(2) 事業委託者の事情（第4章）

就労支援事業を行政から委託される事業者の内幕も赤裸々に明かされている。行政と委託者との契約は事業開始の1～3ヶ月前に行われる一般競争入札を通じて交わされる。入札の結果が読めないため、事業希望者は事業準備を慌ただしく始めざるを得ない。また、前年度に事業に採用された支援者は、次年度の入札に雇用を左右される不安定な状況にさらされる。

結果として、委託事業は、事業の検証や改善を丁寧に行うことができないし、支援者の長期的な技能育成も難しい。不安定な有期雇用者が不安定な人を支援するというのは皮肉な状況である。一般競争入札という“一見すると”合理的なシステムは、生活困窮者の就労支援のように合理性だけでは成り立たないシステム

にはあまり機能しない。

私たちは事業委託のこのような現状を認識しつつ、誰もが困窮のリスクにさらされる現在、いかにして労働を通じた支援を提供すべきか検討した方がよい。

(3) 社会的企業の試み（第9章）

就労と福祉の中間領域として、近年社会的企業にも注目が集まっている。本書は豊中市の飲食店の事例を通じて「雇用の創出」から「社会的企業としての自立」を追求する試みを検討している。

しかしながら、従業員のみならず、社会的企業そのものの自立も容易ではなく、経営を事業収入でカバーできるほどにはならない。結局、経営者と店長の卓越した努力により事業は存続されている。「就労支援の延長線上にある社会的使命を担った事業が、極限の状態で成り立つ」（174頁）事態を私たちはもっと深刻に受け止めなければならない。

4. 今後の課題

以上、駆け足、かつ、断片的に本書の内容を紹介してきたものの、これらの事例を通じて、日本社会の就労支援事業または福祉的な就労はまだまだ成立途上であることがわかる。また、本書の知見を通じて、現在の就労のシステムおよび人生の在り方など論ずるべき点は多い。このように細部にまで目を配り、多くの示唆を提供している本書であるが、最後に、期待の意味も込め今後の課題についても触れておきたい。

第一の課題は調査事例の一般化である。本書でも述べられているように、本書の執筆陣は調査地の選定に当たり相当の注意を払っている。また、そこで述べられた議論も一定の説得力をもっている。

しかしながら、横浜市、豊中市の知見がその他の地区にどこまで一般化しうるか、という点についてはやはり一つの疑問を覚える。とくに横浜市は、日本最大の基礎自治体であり、日本で唯一の職業訓練校をもつ自治体である。こうした自治体の知見が他の自治体の就職支援にどこまで当てはまるのか、または、参考となるのかは若干疑問がある。

また、本書の二調査地はいずれも就労支援の活発な地区である。しかし、多くの基礎自治体において就労支援はまだまだ活発ではない。活発な事例に目を向けることで、支援のなかに起きている実情は明らかになったが、なぜ、支援の立ち上げが難しいかということについては、あまり明示されなかった。おそらく、本書の射程ではないので仕方ないことなのだが、今後、事例を増やしつつさらに深く実態を解明してほしい。

第二の課題は調査対象である。今回の調査は、行政、事業委託者、社会的企業などの調査を通じて、就労支援の実態を多面的に明らかにしている。しかしながら、実際に支援を受けている人の諸相はあまり明らかにされていない。

生活困窮者の調査は、調査対象へのアクセス、情報の秘匿などの面から非常に難しいのも事実である。しかし、実際に、支援を受ける人がどういった認識をもっているのか、ということはこの分野の研究において外せないであろう。難しい調査だとは思うが、さらなる研究の発展のために是非とも取り組んでほしい。

色々と書いたものの、ここで書いた課題は評者の一方的な要望である。これについては、本書の執筆陣のみならず、中間就労、就労と福祉を研究するすべての人が取り組むべきものであろう。就労支援の実情を多面的かつ具体的に示すのみならず、今後の課題も水路づけているという意味では、本書は非常に高い意義をもつ。

中村真由美編著

『弁護士のワークライフバランス ――ジェンダー差から見たキャリア形成と家事・育児分担――』

(明石書店、2015年、A5判、240頁、定価3,800+税)

廣森　直子
(青森県立保健大学)

1．本書の視点

人はなぜ働くのかという哲学的な問いはさておき、人として働くことが当たり前とされている社会に生きている私たちは、職業や働きかたの選択をしなければならない。多くの選択は、経済的インセンティブによってなされると考えられているが、それだけともいえない。職業や働きかたの選択では男女（ジェンダー）で異なる傾向があることはよく知られている。ではその選択のメカニズムはどのようなものなのだろうか。本書はその考察のヒントを与えてくれる。

本書では、「高度専門職」の弁護士であっても、仕事や家事の分担におけるジェンダー差があるのかが検討されている。弁護士という職業に注目した理由について、まず女性弁護士が増加していること（1975年には3.5%であったものが、2013年には17.7%になっている)、「高度専門職」であることがあげられている。「高度専門職」になる女性が増えると、責任ある仕事に就きやすくなる、資格を身につけていれば子育て期にも仕事を継続しやすくなる、高収入が見込めることで夫と経済的に対等な立場となりうる、などの職場/家庭におけるジェンダー間の平等の促進が予想され、職場や家庭におけるジェンダーのありかたに「変化」が促されうるからであるという。一方で、「限界」もあり、その「変化」と「限界」を詳細なデータから明らかにすることが目指されている。

2．本書の特徴および内容

本書で用いられているデータは、日本弁護士連合会会員5,187名（無作為抽出）および日本女性法律家協会会員997名（全数）を対象として2008年に行われた郵送調査から得られたものである（有効回収数1,874)。第Ⅰ部研究編では、この調査データから考察された6つの論考により、さまざまな観点から検討された弁護士のワークライフバランスの多様な側面を把握することができる。第Ⅱ部資料編では、調査結果の概要や集計表が掲載され、詳細なデータを知ることができる。本書の特徴は、男女の弁護士のキャリア形成過程を量的に概観できることである。ジェンダー研究では、女性を対象として分析したものも多いが、本書では男女のデータから検討されているため、そのジェンダー差が客観的に実証されている。

本書には数多くの興味深いデータが分析されているが、以下では、第Ⅰ部研究編の各章について概観しながら、評者が興味深く感じた知見と今後の期待について述べていきたい。

第1章　弁護士のキャリア移動にみられるジェンダー差（石田賢示・三輪哲）

弁護士のキャリア移動の様態を要約すると、男女ともに司法修習後の初職は勤務弁護士としてスタートするのが大多数であるが、女性が経営者弁護士として働くためには、男性よりやや多くキャリアステップを踏む必要があり、女性と男性の経営者弁護士への流入経路の非対称性がある。離職のタイミングについてみると、4年目で30%ほどの人が初職を去る。初職からの離職ペースに男女差はほとんどないが、初職開始から10年を過ぎたあたりから女性弁護士が初職を辞める割合がやや高くなり、女性弁護士は男性の1.14倍ほど初職を離職しやすい。しかし、出生世代、初職の働きかた、初職の勤め先の規模を考慮して分析すると、離職のしやすさに男女差はない。離職理由の内訳をみると、男性弁護士のキャリア移動には「新規開業」や「キャリアアップ」といった理由がほとんどを占めるが、女性のキャリア移動には、結婚・出産といったライフコース上の理由や、「職場の不満」といったネガティブな理由が無視できない割合で含まれてくる。離職理由の「職場の不満」の背景には家庭生活と職業生活の葛藤も内在していると考察されており、今後ここで明らかにされたキャリア移動のジェンダー差の背後には、どのようなメカニズムがあるのかについても可視化されることを期待したい。

第2章　法曹職における入職経路と地位達成のジェンダー間比較（朝岡誠）

本章では、雇用の流動化のなかで転職の経路として効果があるとグラノベッターが指摘する「弱い紐帯の強さ」に注目している。弁護士職への入職における2つのジェンダー差があり、1つは独立の際に生じるバイアス、もう1つはネットワークを利用する際に生じる格差である。高学歴化やフェミニズムの浸透によって、「弁護士になること」のジェンダー格差は縮小しているが、仕事を受ける際に仕事を出す側のジェンダーバイアスを受けざるを得ないため、独立の際にジェンダー差が生じてしまう。また、女性弁護士は制度的連結が男性に比べて機能しておらず、独立することで高い所得が得られているわけではなく、個人的関係や血縁関係といったネットワークを用いて入職すると高い所得が得られる傾向がある。これらのネットワークを用いて入職すると、ジェンダー間での所得の差がかなり小さい。弁護士という職業特性がネットワークの効果に大きく影響しており、自律的な職業であるがゆえに仕事と家庭の両立のためにネットワークを通じて職場を探し、そのなかでキャリアのパターンが変化しうる。評者は、職場や家庭におけるジェンダー差の解消のために制度を整えることが基本的な解決の道筋だと考えるが、それだけでジェンダー差は容易には解消されないのは、どこかにジェンダー差が再生産されつづけるメカニズムがあるためと考えられる。本章で注目された「弱い紐帯の強さ」はその一端を提示しているように思われる。

第3章　弁護士の専門分野とジェンダー（中村真由美）

弁護士の専門分野にはジェンダーによる差異があり、女性弁護士は個人を対象とした、感情労働・ケア労働にかかわるような、女性としてのアドバンテージが生かせるような分野を担当しやすく（親族問題、相続問題、少年事件など）、男性弁護士は企業を対象とした分野を専門としやすいという。女性弁護士の多い分野は、所得の面でメリットが比較的に少ない分野である。また、ジェンダー間の専門分野の偏りには世代差がある。若い世代では女性も企業関連の分野に進出し、ジェンダー間の専門分野の偏りが改善されてきている。しかし、企業関連領域で昇進しようとすると男性以上の長時間労働を余儀なくされている。本章で検討されている専門分野の選択は、働きかたの選択ともいえ、その結果として長労働時間労働や所得の差がもたらされている。専門分野のジェンダー間の偏りは世代によって改善してきているとはいえ、働きかた（長時間労働）の見直しがなされなければ限定的な影響に留まってしまい、「高度専門職」における「限界」のメカニズムとしてはたらくと考えられる。

第4章　弁護士の仕事を辞めたいと思った経験の要因分析（松田典子）

一般社会における離職率は高まっているといわれるが、弁護士でも増加傾向にあるという。「辞めたいと思った経験」がある割合は、女性のほうが高い（女性45.3%、男性27.4%）。職業的地位との関連では、男性のみ、現在の就業形態、所得が有意な結果であった。職場環境については、女性固有の問題（「業務内容・仕事の配分」や「上司」からの性差別の経験）が顕著であり、また、育児支援制度があることで「辞めたいと思った経験」が少なくなる効果がある。家庭環境についてみると、女性は本人の家事時間のみが有意な結果で、男性は配偶者の家事時間が有意な結果であり、女性は本人の家事時間が長くなるほど、男性は配偶者の家事時間が短いほど「辞めたいと思った経験」がある割合が高い。意識との関連では、性別役割分業意識は強い相関があり、性別役割分業に肯定的な意識を持つ人は「辞めたいと思った経験」がある割合が高い。「辞めたいと思った経験」は、女性は生活や家事の負担や業務内容での差別を受けたことによって最も影響を受け、男性は生活や家庭の影響よりも、年齢や所得、自己実現のために法曹の仕事を選んでいることが影響している。本章でも言及されているように、実際に辞めてしまった者のデータの検討ではないため、「辞めたいと思った」ことがどの程度離職行動に結びつくかということまでは明らかになってはいない。しかし、「辞めたいと思った経験」から「辞める」ことを留まらせたメカニズムはどのようなものであったのか考察されることを今後期待したい。

第5章　弁護士の性役割観・家事時間・労働時間（中村真由美）

人的資本論によれば、夫婦間の家事分担状況の差が大きいことは、教育・訓練（人的資本）のジェンダー間格差が原因の一端であると説明される。しかし、優れた人的資本を持つ女性弁護士においても家事分担は男女平等とはいいがたい。

女性弁護士の性役割観は非常に平等的であるが、男性弁護士の性役割観は一般男性とあまり変わらない。これは著者も「予想外の結果であった」と述べているが、人権にかかわる職業に就く男性であってもさほど一般男性と変わらないということは、特筆されるべきことかもしれない。男性弁護士の配偶者は専業主婦であることが多い一方、女性弁護士の配偶者は同業者である割合が高く、このことは家事時間のジェンダー差に反映されている。独身の男女弁護士を比べた場合、家事時間にそれほどの違いはない。子どもがいれば男女ともに家事時間は増えるが、女性弁護士の負担増の幅は男性弁護士よりはるかに大きい。性役割観が伝統的になればなるほど、男性弁護士は本人の家事時間が減り、女性弁護士は本人の家事時間が増えている。こういった分析からは、「高度専門職」への女性の進出のみでは、男性のジェンダー（性役割観）再生産をくいとめ、男性の家事時間の増加を容易には促進しないことが如実に示されている。本書では分析対象とはなっていないが、介護を加えた分析ではどのような結果が得られるだろうか。介護負担は育児よりも男女や既婚・未婚の区別を問わず個人に降りかかる状況が増え、近年、男性の介護離職が増加しているともいわれるが、弁護士では果たしてどうであろう。

第6章　弁護士の結婚と子ども（中村真由美）

弁護士の婚姻状況についてみると、男性の80%、女性の68%が結婚している。20代における既婚率は人口全体の平均より低いが、40代以降の男性弁護士の既婚率は一般男性の平均より高く、所得の高さが影響している。配偶者についてみると男女で大きく異なり、女性弁護士の52%が同業者と結婚し、男性弁護士の配偶者の63%が専業主婦である。女性弁護士の出産を可能にする要件をみると、専門分野と事務所規模、育児にかかわる制度と関連している。育児関連制度がない、弁護士に適用されない、適用されるか不明というケースも多い。家庭を持つ女性弁護士は、当人の個人的な努力や周囲との折衝によって、育児との両立を図っており、育児関連制度の確立や適用が急務である。弁護士の同類婚は女性弁護士にとっては子どもを多く生みやすくしているとのことであったが、育児との両立が個人の努力や折衝に任されている状況の普遍さは強調されるべきであろう。

3．今後の展開への期待

本書の価値は、「高度専門職」である弁護士の世界のジェンダー差がどのような形で存在しているかが可視化されていることにある。本稿で十分に言及できなかった知見も多くあるため、ぜひ本書を読んでいただきたい。今後、医師との比較が予定されているとのことであったが、他職種との比較ではどのような知見が得られるのか期待したい。また、本書では地域差についての言及はなかったように思う。弁護士の需給状況は都市と地方でかなり格差があり、弁護士が少ないといわれる地域に住まう者として、考察を期待したいところである。評者は、弁護士ほど「高度」な専門職ではないと思われる司書と栄養士を対象とした調査研究を行っているのだが、これらの職業は女性が占める割合が高く、有資格者数に比して専門性にみあう労働条件の整った雇用が少なく、特に地方でその傾向が強い。高学歴女性が人的資本を生かした職に就けるかは、都市と地方で状況は異なっていると評者は感じているのだが、地域性と密着したジェンダー差については果たしてどうだろうか。

水野博達著

『介護保険と階層化・格差化する高齢者
――人は生きてきたようにしか死ねないのか――』

（明石書店、2015年、A5判、300頁、定価2,700円＋税）

笹谷　春美
（北海道教育大学名誉教授）

著者は、1944年生まれ71歳、まさに戦後70年の日本の社会変容と共に生きてきた世代である。労働運動、部落解放運動、三里塚闘争などに関わってきた社会活動家であり、フリーランスのルポライターとしても活躍してきた。2009年からは大阪市立大学の特任准教授として研究・教育にたずさわっている。

その著者が、介護保険制度と関わるようになったきっかけは、1994年に、ある特別養護老人ホーム（社会福祉法人）の設立に参加し、事務局長、施設長として15年間そこで働いてきたことによる。ホームの利用者は低階層の人々が圧倒的に多く、その家族もまた差別や障碍、疾病、貧困等の複合的な困難をかかえていた。著者は、2000年スタートの介護保険制度およびその後の数回の「改正」が現場にもたらした影響を、介護保険以前の措置制度に基づく福祉サービスであった介護政策と比較できる立ち位置にあり、ホームの管理運営者として介護保険制度の諸矛盾の荒波をもろに被ってきた経験がある。このようなバックグラウンドに由来する著者の立ち位置は、「国民の多数者である働く人々、そして社会の底辺に押し込まれた人々の立場」に寄り添うことであり、このような視点からの介護保険の現状分析は、時には鋭い行政批判、研究者、実践家批判も含み、従来のこの種の書籍の中では異彩を放っている、と言えよう。

本書は、著者自身の2つの疑問から編まれている。1つは、「介護保険とはなんであったのか」、2つ目は、「市場での自由は、人々の尊厳を担保しうるか」である。上記の立ち位置から、この15年間の介護保険制度の変遷の検討から得られた帰結は、“市場化された介護サービス提供システムは、人間の尊厳を保障する介護のあり方と相いれない”、とうことである。本書は、それが何故なのか、どうすれば人間の尊厳を保障する介護を実現できるのかを模索し続けてきた著者の主張の集大成である。

本書は、いわゆる書下ろしの専門書ではない。折々に発表してきた諸論考や講演録に手を入れたもので構成されている。そのため内容のダブリなどもあり、読みにくさもある。同時に、介護保険の問題にとどまらず、ケア論や地域論、福祉ミックス論やグローバリゼーション論など幅広いテーマについての見解も展開され、書評者泣かせの本である。

とはいえ、豊富なデータや政策文書に基づく分析は説得力があり、研究者や専門家、現場の労働者に、よりよい介護とは何か、そのために求められる制度設計はどうあるべきかについての熱い議論の素材を提供する貴重な文献として評価したい。

本書の構成は以下の通りである。

序　章　地域は介護・福祉の救い主になり得るか？

第1部　市場化と人間の尊厳

第1章「介護の社会化」とは「市場」での自由のことか？／第2章　尊厳を支える制度の転生を求めて

第2部　老後生活の階層化と介護保険・地方自治体

第3章　財政事情中心で進む制度の改変と入所判定基準／第4章　人は生きてきたようにしか死ねないのか？

第3部　市場主義に抗するケア改革の模索

第5章「介護の革命」第2段階を目指した模索／第6章　深刻な介護労働力の欠乏～行き詰まる介護保険制度

第4部　欠乏する介護の担い手を巡って

第7章　重大な問題をはらむ介護の資格と人材確保指針の変更／第8章　日本における「福祉ミックス論」再考

第5部　超高齢社会を考える

第9章　超高齢社会、必然化する「持続的社会」の構想／第10章　政府の機能と市民の活力で「新しい公共福祉」へ

第6部　介護労働者の組織化を巡って

第11章　なぜ、介護労働者の組織化は困難なのか？／補論省略（評者）

いずれの章も興味深い内容であるが、紙幅の関係もあり、評者が注目する以下の3つの論点を取り上げ若干の紹介とコメントを記したい。これらは本書の特色を表すテーマの、すべてとはいえないかもしれないが主要なものと考えるからである。

1点目は、現行の介護保険制度がそもそも包含する階層性と格差拡大機能について（3・4章）。

2点目は、今後も更に深刻化する介護労働者の不足に対する政策批判とそれを乗り越える主体的試みについて（6・7章）。

3点目は、2点目の具体案としての、「介護革命」の第2段階の展望について（5・7章）。

1点目については、そもそも介護保険の制度設計は、中間層のために作られたと著者は指摘する。措置時代は低階層の方が優先的にサービスを受けることが可能であったが、保険制度は、「介護の社会化」の理念のもとに、それまで家庭内で寝たきりや認知症の老親の介護で孤立していた都市サラリーマン層の嫁の介護負担を軽減する役割をはたした。かつ、増大する介護サービス提供の担い手は、より安価な中間層の女性によって担われた。いわゆる「主婦のパート戦略」である。このように中間層にとってのof / for / byの関係にある介護保険は、一方で、介護保険料やサービス利用料、認定基準などNPM的手法や疑似市場化のもとでの運営システムによって、低階層の高齢者のサービス利用を困難にし、ひいては介護保険制度の埒外に追いやるリスクを抱えることとなる。介護保険は、「老後生活・介護サービスの階層化促進の梃子となっている」と言い切る（110頁）。「結局、人は生きてきたようにしか死ねないのか」という衝撃的なサブテーマは、「このような格差化・階層化は自己決定＝自己責任の論理から認めざるをえないのか」という、ある種、人々の中に浸透している諦念をあらわしている。これでいいのか、著者は当然、“否”である。今日、「下流老人」「老後破産」「老後崩壊」「介護難民」等とマスコミで論じられているように、老後の生活と介護の基盤の崩壊がごく普通のサラリーマンであった層にも広がっている。この貧困格差の拡大は同時に、介護保険制度を下支えしてきた中間層のやせ細りをもたらし、政府があてにしていた中間層の主婦の「パート戦略」も失敗した。そうして、介護の担い手の欠乏という深刻な事態をもたらしていることを著者は指摘する。

これは第2の論点につながる。介護者養成機関の定員割れ、介護労働者の高い離職率、募集しても応募者がいないため利用者を受け入れることができない、という状況が進んでいる。介護の担い手がいなければ介護関係は成立しない。介護者にゆとりがなければ相手に寄り添う介護はできない。著者は、このような状況は以前から予測されていたのにもかかわらず本腰を入れてこなかった厚生労働行政や専門家を批判する。介護者の3K労働の改善が必要なことはすべての国民が知っている。しかしそれさえもまともに対応されてはきていない。一方で、介護労働者の専門性・質の向上が叫ばれ、2007年に、国の法案、国の新指針、東京都の意見具申という3つの政策文書が発表された。著者は、遅きに失すること、介護労働力の専門性や人材確保政策が介護保険の制度展開と一体化して論じられてこなかったことの問題点を指摘する。2007年のこれらの法案の目玉が、全員に「介護福祉士」の資格を義務づけることによって介護の質の向上を目指すというものであるが、これによって果たして良いケアを実現する人材確保に結びつくのであろうか。著者は7章で、介護労働者の労働実態や意識・要求のデータおよび政策文書を丹念につきあわせ、現場からの要求とはかみ合わないものであることを指摘する。それではどうしたら良いのか？

3つ目の論点は、上記の疑問に対する著者の提案――「介護の革命」の2段階の構想についてである。これはなかなかわかりづらいのであるが、著者は「法人やNPOの現状から、実現可能な自主的改革の手だてを検討する」とする（138頁）。その場合、「より良いサービス」「コストダウン」「NPOらしさ」を追求するNPOの3つのキーワードに注目する。そこから生まれる具体例は以下のように描かれる。

なるべく小規模な単位で、「これまで就労の機会に恵まれなかった障碍者や中高年、ニート、単身者や子育て中の女性等に就労の機会を用意し、彼らを受け入れて仕事をしながら養成訓練・研修を行い、独り立ちした介護労働者に育てていくシステムを各職場と地域で協働・共同で構築することを考えてみたい。それは同時に従来の『介護の専門性』を問い直すこととなり、地域に開かれた介護・生活支援とはどういうことか、『より良い介護サービス』とは何かについての再検討を迫ることにもなる」(143頁)。この実践例の背後にある論理的根拠は本書の第7章で述べられている。

以上、著者の労働者や低階層の人々に寄り添う視点からの、現状の介護保険制度の批判的検討とオールタナティブな介護の仕組み作りの展望を見てきた。評者はこれらの主張に概ね賛成である。そのうえで若干のコメントを加えたい。

1つは、日本の高齢者介護の総体を考えた場合、介護保険制度の枠内での施設であれ、在宅であれ、公的サービスを介しての介護関係を中核としながら、その裾野に制度の外部で主に家庭内で行われるインフォーマルな介護関係が存在している。この家庭内介護の担い手は、かつての嫁に代わり高齢者や男性、未婚の子など多様化しているが、それゆえに生じる新たな困難は、十分に可視化されていない。膨大な数にのぼる彼らが、介護のために仕事や自由な時間や社会関係あるいは人生を犠牲にすることがないような公的支援・サポートの制度や仕組みが求められている。このように家族介護者をどのようにケアシステムの中に位置づけるのかという視点が弱いと思われる。2つ目は、2段階目の「介護の革命」の具体例は、多様な介護ニーズを持つ高齢者のケアのメインストリームになりうるか、という疑問である。たしかに生きにくさを抱えた多様な人々で構成され、互いがケアし／される関係が醸し出される環境構築は、介護をめぐる既存概念のパラダイム転換ではあるが、そこでもメインの介護職員には高度な専門性が求められるだろう。しかし、そこで求められる専門性とは、厚労省の政策とは異なるのではなかろうか。いわゆる介護技術のみばかりでなく、コミュニケーション能力やより良い環境を作り出す能力、他者や他機関と協働できる能力など個々人の多面的な能力を高め、多様な高齢者や多様な場面で主体的な判断ができることである。大胆なカリキュラム変更も必要かもしれない。このようにして、施設ケアも在宅ケアもでき、家事やおむつ替えから高度な身体的介護もできるというオールマイティでユニークな介護資格（ラヒホイタヤ）を創設したフィンランドの試みも参照となろう。これによってフィンランドでは人材不足を解消し、介護労働者が定年まで介護市場に留まっている（笹谷、2013『フィンランドの高齢者ケア―家族介護支援・人材養成の理念とスキル―』明石書店)。

最後に、著者の今後の介護保険制度との関わりである。高齢者の生活やサービスの格差拡大の梃子となる制度への批判には溜飲がさがるが、今後、どのように改善してゆくのか、あるいはオールタナティブを求めるのか、「新たな公共」などの論点について、評者の力量不足のため著者の見解を十分に読み取れなかったことが残念であった。

松本武祝編著

『東北地方の「開発」の系譜 ——近代の産業振興政策から東日本大震災まで——』

（明石書店、2015年、A5判、277頁、定価3,500円＋税）

扇　健夫
（立命館大学大学院生）

本書は、2013年開催の政治経済学・経済史学会春季総合研究会「東北地方『開発』の系譜―国際的契機に着目して」の成果を中心に、本研究会の発表者とコメンテーターを中心に執筆しまとめたものである。内容は、国際的契機に注目するという新たな視点を含め、国家政策、企業の製造立地、農村の過剰人口問題などの異なるテーマで、昭和初期から東日本大震災までの東北地方の開発の近現代史を捉えたものである。

本書の構成は以下の通りである。

序　章　東北地方「開発」の系譜―国際的契機に着目して　松本武祝
第一章　軍馬資源開発と東北馬産―軍需主導の東北「開発」と1930年代の構造強化　大瀧真俊
第二章　人口問題と東北―戦時期から戦後における東北「開発」との関連で　川内淳史
第三章　高度成長期における東北地方の電源・製造業立地政策　山川充夫
第四章　ネットワークの視点でみる東北地域の産業構造の発展と政策　坂田一郎
第五章　釜石地域における「開発」と希望の再生―希望学・釜石調査を中心に　中村尚史
第六章　東北地方経済史の新視点　白木沢旭児
第七章　いわき市小名浜アクアマリンパークの地域振興―大震災・原発事故とその後　小島彰

第八章　低賃金労働力供給基盤としての東北の農業・農村　安藤光義
第九章　東北開発と原発事故をめぐって　　岩本由輝
補　章　政治経済学・経済史学会2013年度春季総合研究会報告　植田展大・棚井仁

第一章から第四章は、研究会報告を加筆修正した論文、第六章は、四つの報告へのコメントを中心とした論文、補章は、研究会の討議内容である。それ以外の章はコメンテーター等による新たな執筆である。本書を、①東北開発の経緯と人口問題・労働力移動の関連に関する内容（序章・第二・八章）②国家政策、企業活動などの開発主体の動きに関する内容（第一、三、九章）③地域ネットワーク、サービス産業の進出などの新しい動きに関する内容（第四、五、七章）という三つの関連項目に整理した上で内容を紹介する。

最初に東北開発の経緯と人口問題・労働力移動の関連を扱った章（内容①）から紹介を行う。序章は、昭和初期からの東北地方の開発政策史と開発における国際的契機に着目した総論的内容である。国際的契機に着目することの意味するところは、東北開発の系譜を単なる日本国内の一地方の系譜と見るのではなく、戦前は東アジア侵略のための兵站基地として、戦後は加工組立工業の立地のあり方を東アジア地域の経済発展の中で位置づける中で捉えることである。東北地方は、日本資本主義の垂直構造に位置づけられ、戦前の植民地、戦後の東アジア諸国と競合関係の存在であるとともに、日本資本主義における資源（戦前は軍馬・兵力・移民、戦後は電力・労働力）の供給地の役割という二面性を持つと述べる。

第二章では、恐慌・戦時期から戦後にかけての東北地方における「人口問題」について当該期に行われた「開発」の有り様と関連させて論じている。昭和初期の東北地方は世界恐慌に起因する国内不況の中で、大凶作、昭和三陸津波の被害が重なり深刻な状況に陥る。この結果生じた東北地方の過剰人口問題は、1930年代半ば以降の国家政策としての満州開拓及び1937年開始の日中戦争により、救済的観点から、戦時体制を支える資源対応へと転換を遂げる。敗戦を前後として疎開、復員・帰還者の農村への流入により、東北地方は過剰人口問題を再び抱える。高度成長期の都市部の開発による人口吸引力が東北にもたらされた結果、

1950年代後半以降、若年労働力の排出と出稼ぎにより、東北地方からの人口移動が生じる。1960年代に入り、八戸、常磐郡山などの新産業都市が制定、内陸部に労働集約型産業が展開していく。工業化進展は人口流出に一定の効果があったものの1980年代以降、若年層の流出により、宮城県を除けば人口減少に転じる。東北の開発の基底には、常に人口問題があり、敗戦から高度経済成長初期を例外にすれば人口流出地であったことが指摘される。

第八章では、高度経済開始期から平成バブル経済期までの期間で、東北の農業、農村が日本の資本主義蓄積構造にどのように組み込まれたかを農家世帯員の人口移動と農地面積の推移の統計的データと農家調査結果による個別集落の就業状況データから読み解いている。1970年代後半において、経営規模の大きい農家は、専業であり、小さい農家は世帯主の出稼ぎによって生計を成り立たせている。1980年後半から出稼ぎは減少し、低賃金の工業部門やサービス部門での兼業という形態に変化する。また長男世代は会社員が多く、農業を担うのは、50歳以上の高齢者という変化を示す。在宅通勤などを含めた一家総働きで豊かになった農家の生活を、「発展なき成長」が生じたとする。1990年代半ば以降における企業の海外展開と公共工事縮小で再び厳しい状況に立ち至っていると捉える。

次に国家政策や企業の活動の開発主体の動き（内容②）についてまとめていく。第一章では、国家が農林資源開発に最も強く介入した事例として、戦前東北の主要生産物であった馬産に注目する。馬産の先進地域であった東北地方で軍部主導での馬匹改良、軍馬育成の事業が行われる。昭和恐慌・冷害の影響で東北の農村経済が疲弊していた1930年代に注目し、高値で買い取られる軍馬需要に農家が期待し、馬匹改良等に依存していくことが論じられている。地方民需を基礎としない馬匹改良を推進したことや国の施設設置によって牧野を囲い込んだことは、同地方の構造的改革を先送りにする結果をもたらしたとする。

第三章は、高度成長期における電源・製造業立地政策を扱う。高度成長期前期の1960年代半ばまでは、沿岸部に対する素材・エネルギー型企業の進出、内陸部の低開発地域には弱電・縫製業などの軽工業・加工組立企業という二つの側面で企業進出が行われた。高度成長期後期においては、高速道路の延伸などに呼応して加工組立産業が進出し、東北工業の主軸が基礎素材型から加工組立型に移行する。加工組立企業の多くは、低賃金労働力の活用を目的とした生産の分工場であり、本社工場と進出工場従業員との間、正規社員と非正規社員の間の賃金格差を伴うものであった。賃金格差受容の背景には、農家経営悪化状況を農外兼業所得で補填しようとする農家の存在があったとする。

第九章は、日本原子力産業会議が1971年の営業運転開始前に提出した地域調査報告書を読み解くことも含めて、福島原子力発電所が福島県双葉地方に進出した経緯を論じている。双葉地方が福島県の中で最も後進的で企業誘致が進んでいない地域であったこと、農業に適さない飛行場跡の民間保有遊休地があったことが、原発誘致から設置の流れが比較的簡単に進んだ理由とする。国家政策、企業活動の目的のために後進的地域の開発期待を誘因に土地や労働力利用をした開発が進められたという第一章、第三章と同じ構図が本章においても読み取れる。

最後に地域ネットワークに目を向けた大震災前後の時期を中心とする新しい動きを扱った三つの章を簡単に紹介する。第五章は、東北地方で独自に内発的発展を遂げた地域である釜石地域について取り上げている。釜石地区は鉄鋼業とともに発展したが、1970年代後半からの新日本製鐵の合理化の影響を受け、新たな開発が必要になった地域である。釜石という場所へのローカルアイデンティティの存在、技術力、良質の労働者、工場用地、及び地域ネットワークの存在を背景に釜石市と新日鉄は企業誘致を行い新たな雇用の確保を実現している。第四章では、地域ネットワークによるイノベーション促進という新たな開発のスタイルに着目して山形地区のネットワーク分析を行っている。山形地区は域外の企業の取引関係が主である支店経済的な特徴を持つと現状分析を行う。今後の東北地方について、自動車クラスターによる垂直依存からの脱却と国際的な地域間協力を目指す必要性を提言する。第六章は、いわき市小名浜地区における震災からの復興対策としてのイオンモール出店による新しい町つくりが、取り上げられている。この計画には小名浜まちづくり市民会議も絡まって計画策定が行われたとされる。これら三つの論文は、新たな開発の姿として地域ネットワークや流通サービス業に注目するものであり、今後の新たな東北開発の形を示すものといえる。

本書全体を通して、戦前の軍馬需要、加工組立産業の分工場、首都圏への労働力の供給、首都圏への電力供給のための原子力発電建設など、国家政策、多国籍企業の活動そして首都圏の需要に従属するという垂直構造の中で、東北の開発が行われたことが示された。また、その開発の背景には、低賃金で供給される農村の過剰労働力と開発に適合する土地という資源が存在したと指摘できる。東日本大震災を機として東北の開発を見直すという本書の作業の中で、中央（首都圏）の開発主体が外発的に東北の労働力・土地という資源を活用して、繰り返し開発を行ってきたという点が改めて明らかになったといえる。

本書について、研究会の討議内容を踏まえた上で、以下二点の批評的感想を述べる。第一に序章での国際的契機という視点で東北の開発を見直す必要があるという問題提起に対して、論じられ方が十分ではないと感じられることである。第一章と第二章における日中戦争における資源動員のための軍馬開発と過剰人口解消の施策としての満州への東北地方からの移民が分析されている。戦時期における「外地」が関係しているとはいえ、日本国内の分析枠組みを超えているとはいえないと思われる。さらにグローバル企業の立地条件についても1970年以降に東北が東アジア諸国と競合関係になったという指摘があるものの、多国籍企業の国際分業の背景の考察と東アジア地域と東北地方の間の企業立地に関する比較分析の論考が十分でないこともその印象を持つ理由である。

第二に東日本大震災までの開発の系譜を語る上では、1990年代後半からの電子部品・情報家電の国際競争力低下による、東北地域での製造拠点の縮小・閉鎖と雇用に与える影響についての論考を織り込む必要があるのではないかということである。東北地方の電気機械産業の製造拠点の位置づけは、半導体の後工程などの関東にある本社工場の労働集約的な生産工程の一部か、最終製品仕向け先が国内である情報家電の生産拠点が中心である。半導体産業の国際競争力低下と情報家電の業績低迷の中で多くの東北の分工場の閉鎖、規模縮小が行われた。東北の電気機械産業の従業員は、1995年28万人から2010年18万人と36%以上減少し、従業員解雇のケースが大半である[(1)]。工場閉鎖・縮小が工場就業で生計を支えてきた兼業農家の就業状況にどのような影響を与えたかについての次なる考察に期待したい。

最後に、労働分野を研究するものにとっての本書の意義付けを述べる。本書は東北地方の開発の系譜とそこで生活する人々への影響の関連を多面的に捉えている。高度成長期以降に東北地方で農業部門から製造部門、サービス部門へのどのような経緯で労働力が移動したのか、多国籍製造業の企業行動が地域の就業構造にどのように影響を与えたのか、震災の地域ネットワークと就業に与える影響の様相など、各研究関心にしたがって新たな素材と視点を与えるものと感じる。さらに、非正規雇用、若者の雇用問題などの労働研究の際に、対象者を一律に扱うのでなく、地域の産業・就業構造などの経済・社会的特性の多様性に配慮した上で対象者を捉える視点を持つことの重要性を本書は提示しているといえる。

〔注〕

(1) 公益財団法人東北活性化研究センター『2013年度「東北圏社会経済白書」』2014年、88頁。

日本労働社会学会年報第26号〔2015年〕

河西宏祐著
『全契約社員の正社員化を実現した労働組合』

（平原社、2015年、四六判、328頁、定価2,000円＋税）

野瀬　正治
（関西学院大学）

はじめに

本書『全契約社員の正社員化を実現した労働組合』（2015）は、研究者としてまた調査者として卓越した河西宏祐氏が1983年からの長期にわたる広義の参与観察により私鉄中国地方労働組合広島電鉄支部（以降、支部）を通して広島電鉄株式会社（以降、広電）との労使関係を調査研究された中で、特に1993年から2009年を対象にまとめられた『全契約社員の正社員化』（2011）にその後の状況（2014年11月6日まで）を書き加え普及版として出版された労作である。

本書の優れた点は数多いが、実際に労使関係が形成される現場の状況やそこでの社会関係が臨場感をもって読み手に伝わる点（現場の息づかいが聞こえる点）が他の調査研究書との違いとしてまず挙げられる。また、広電1社の事例研究ではあってもそこで取り上げている個々のテーマは、日本の労使関係の諸問題ひいては日本の労働、経営問題に直結しており、単なる個別企業の事例研究ではなく、わが国の構造的経営労働問題の研究である。本書のタイトルにある「契約社員」問題はもとより、労働条件切り下げの社会的合理性の問題、労働協約締結と労働者代表制の問題、同一価値労働同一賃金の問題、労働協約適用率の問題、日本的賃金制度の問題そして経営問題など、内包する多くの問題について労使間でどのように取り組んだかを豊富な資料と現場の声を的確に押さえて本書はまとめられている。

また、労使関係における広義のディスコース分析ともいえる労組幹部や組合員等の微妙なニュアンスの会話や発言も随所に記録している。他にも支部幹部の労使関係哲学や優れたリーダーシップも含めて明らかにしている。さらに、企業内労働組合と経営との共助の関係が日本的経営を支えていることも労働側から明らかにしている。加えて、日本が直面している労働・経営問題への対応モデルすなわち広電の課題に対する支部の取り組みは、日本的経営参画など日本的産業民主主義の実践の必要性も感じさせる。評者は本書を一気に読んだが、その読後感は日本の労働そして経営の基本を一望でき、さわやかであった。

1．各章の特徴

第1章（1993年～1996年）は、広電支部が39年5か月の組合分裂から1993年に統合されたものの、規制緩和政策やバブル崩壊後の右肩下がり経済環境の中で、広電の経営もバス事業の赤字等により合理化問題にさらされ、特に労働時間の合理化等への対応に迫られた時期である。すなわち、1987年の労働時間に関する労基法改正に始まる時短の社会的推進は、広電ではダイヤの変更など実際の仕事に影響を与え、さらに1993年の変形労働時間制や裁量労働制、割増賃金率の改正などが、結果として現場への負担を増加させていった。著者はこの間の組合員の状況を、残業手当を頼りとした実際の社員らの生活状況や現業としての運行の実態を通して実際の職場を明らかにし、また具体的な労使交渉の経緯を通して、当時の労使間の実態を、臨場感をもって伝えている。

さらに、支部の姿勢・方針についても経営を他人ごととして捉えるのでなく、「経営側をリードして経営合理化を積極的に推進する」という方針（経営参加）を明確にしている点は特筆すべきである。加えて、当時の労使関係の重要な特徴として、職場規律運動の効果や労働条件の向上による組合員からの信頼など相互の信頼関係の下で難局に立ち向かった点を明確にしている点も留意すべきである。

第2章（1996年～2002年）は、日本経済の危機的状況に加え、市場原理導入を図る政府の規制緩和の推進が、例えば、金融システム改革における護送船団方式の転換で現実のものとなってしまった大手金融機関（山一・拓銀（1997)、長銀（1998)）等の経営破綻に象徴されるように、公共交通機関も例外ではなくなり、バス部門累積赤字に苦しむ広電に経営合理化を迫るものとなっていった時期である。これに対し支部の新執行部は、単なる合理化反対運動ではなく、より次元を高めた労使関係、すなわち、「交通政策論（市当局、周辺地域の自治体との連携による充実したサービスの提供を方針)」を労組ではあったが掲げてこの難局に取り組んだ。まさに経営参画的取り組みである。

また、当時、労働時間法制の改革に伴う変形労働時間制の導入に対応すべく、関係者との対話によるダイヤの見直しなどを行い、現実を分析した合理的な解決を行った点は交渉力もさることながら冷静な優れた実務能力・調整能力も有していたことを示している。

第3章(2002年~2006年)は、広電のバス分社化の提案も含めた合理化推進に対して、支部は経営の視点に立った対案を展開した時期で、労使の具体的発言を通して当時の労使関係が臨場感をもって書かれている。当該労使交渉の特徴は、著者も指摘しているが、支部が経営の視点、特に集団的モラールを重視する人事労務政策を当時の現場の状況を的確に押さえて提案している点である。労働集約的現場はその現場で働く社員を軽視しては収益向上が望めないのは論を俟たない。一方、バス部門の21年ぶりの黒字化そして過去最高の業績達成は、支部にとっても追い風のようであったが、経営側の合理化政策による人件費削減には変化はなかった。そうした状況において、支部が、問題はあっても懸案となっていた正社員Ⅱの導入による正社員への転換制度を了承したことは、その道程において具体的な成果として評価できる。そして、経営側の基本政策(労務費の合理化)は、新賃金制度という課題としてさらに協議が続くことになった。

第4章(2006年~2009年)は、正社員Ⅱ等をめぐる労使間の労務費合理化問題、すなわち、正社員・非正規社員の労働条件統一について、新賃金制度の合意プロセスを労使関係における社会過程や社会関係などの視点から詳細な資料を交えて説明をしている。

支部の取り組みの特徴は、既述のとおり支部が経営の視点、特にモラール管理を当時の現場の状況を的確に押さえて人事労務政策の重要課題として提案し交渉している点である。また、賃金という数字を通してその間の交渉における関係者の心情が明瞭に表れている。例えば、電産型賃金への回帰を豊富な資料にみると、年齢給と勤続給の定昇額は、それぞれ1,500円、1,000円で計2,500円にも上り相場と比較して考えると労使間の調整、議論の深さを感じさせる。また、それでも組合員からはさらなる要望が出され支部が熱心に対応する様子や支部幹部の戦略的姿勢の記述から組合内部の状況が実感できる。さらに、合意時の調整を含む職種別賃金表をみると、運転士⑥のレンジは初号270,000円から上限320,000円にも達し、これは上位の資格等級（指導運転士③）の上限およびさらに上位の資格等級（助役）の初号と同じである。労使間の交渉が、組合員の切実な訴えを移行後の調整期間も含めて、極限までされたことを感じさせる。加えて、新制度への移行においても直近上位への格付けにより、移行原資がかさむ移行を行っているのも支部幹部の交渉の徹底ぶりを感じさせる。

また、支部の取り組みを日本的経営と合理化問題として捉えると、当該労使交渉は経営への実質的参加レベルでの交渉であり、その成果がまさに正社員・非正規社員の労働条件統一に結実したといえる。そして、既述の通り支部のスタンスは日本的経営であり、それは具体的には電算型賃金への回帰でもあった。

（小括）

新人事制度導入後の状況も本書で述べられているが、その推移は順調で収益動向はもとより地域へのサービス、そして地域での評判においても芳しい。一般的合理化手法といえば、職務給型人事制度など機械的モデルによる人件費削減であるが、支部の採ったモデルは実質的経営参加を通しての人間的モデル（社会的モデル）で、日本的経営の視点からの協働モデルの実践でもあった。

むすびにかえて

2009年以降の状況について著者も指摘しているように契約社員の正社員化などについての社会の関心はますます高くなっている（例えば、労働者派遣法の改正案と合わせて同一労働同一賃金推進法案は紆余曲折の末、衆院から参院に送られた（2015.06.19.））。EUでの非正規労働者の均等待遇の取り組みをみると、労働運動（UNICE,CEEPおよびETUCによる合意（「パートタイム労働の枠組みの欧州合意」1997.6.））が先行しながらEU指令（「パートタイム労働指令」1997.12.）などでパートタイム労働の均等待遇原則が法定されてより大きく前進し今日に至っている。しかし、EUでは必ずしもアメリカのように職務型賃金制度として同一価値労働同一賃金が発展しているのではなく、職務に加えてキャリアや職務以外の要素を含んだ基準で賃金が運用されるケースも多い。いわゆる

「合理的理由のない不利益取り扱い禁止原則」に基づく賃金運用である。日本は同一価値労働同一賃金の尺度を持たない上にその運用の経験もないが、広電の当初の方針と広電支部の日本的経営からの交渉は、結果として、「合理的理由のない不利益取り扱い禁止原則」に基づいた運用結果となっており示唆的である。

また、昨今日本では有効求人倍率、完全失業率が改善し労働者に追い風となってきたが、労働需給関係がひっ迫して労働条件が向上しても、それは経営理念や規範によるものではなくマーケット原理によるものでしかない。玉石混合の中、北欧発のグローバル企業イケアの正社員化の取り組みは、ダイバーシティを認める企業理念や日本的経営等いわゆる人間的アプローチによる経営で、それは各国のコワーカー（coworker）に対して従業員をファミリーと考える経営に具体化しており、支部の採るスタンスと共通している。

同様な他の事例としては、理研の任期制研究員の雇用のあり方について、新理事長は、雇用期間をより安定させ研究意欲の向上を図ることを方針としている。業種業態は異なるが組織が人により構成されている以上は同様な基本的社会関係が基礎になっているのであり、支部の採るスタンスと軌を一にしている。

著者は終章で当時の広電社長の発言、「非正規の犠牲の上に成り立っている会社（社会）に未来はない」（（　）内、評者）を引用している。情熱ある熱い労組マン（person）と労務マン（person）が、広電モデルを、業種を超えて実践していくことを評者も期待したい。

日本労働社会学会年報第26号〔2015年〕

猿田正機編著・杉山直・浅野和也・宋艶苓・櫻井善行著

『逆流する日本資本主義とトヨタ』

（税務経理協会、中京大学企業研究叢書第24号、2014年、A5判、
240頁、定価3,600円＋税）

岡村　徹也
（中京大学非常勤講師／中日新聞社）

トヨタ自動車株式会社（以下、「トヨタ」と略記）は、2015年3月期の連結純利益が初めて2兆円を超え、過去最高益を更新した。リーマン・ショック直後の赤字転落と超円高の経験から、低成長時代におけるトヨタの経営戦略に改めて注目が集まっている。

ここで取り上げる『逆流する日本資本主義とトヨタ』は、トヨタの賃金、雇用、労働時間、社会的責任、労働組合運動など、トヨタの労働問題に焦点を当てて分析、考察した書物である。『社会環境の変化と自動車生産システム―トヨタ・システムは変わったのか―』（1999）や『トヨタ企業集団と格差社会』（2008）など、長年にわたってトヨタ研究に従事してきた猿田正機を編者に、それぞれトヨタ研究に携わってきた中京大学企業研究所の研究者たちによって執筆されている。その意味では、本書はトヨタおよびその関連企業を対象にした共同研究の色合いも見て取れるが、個々の執筆者は各々が実施した調査やトヨタが発行した資料などを用いて議論を展開している。したがって、全体として一つのまとまった著作というよりも、独立した論文集といった性格がやや強い内容となっている。

本書は「はじめに」と「おわりに」の他5つの章から構成されている。以下、その内容を構成順に紹介していこう。

「はじめに」に続く第1章「トヨタの働き方の変化―協調的労使関係下での賃金制度変更と『負荷適正化』―」（浅野和也）では、トヨタの賃金についての分析を試みている。浅野によると、日本全体の賃金水準が低下傾向にある中でトヨタの従業員は相対的に高い賃金を得ているが、その高さは基準内賃金の高さではなく、非正規労働者、とりわけ期間従業員によってもたらされている。また、労

働者間の賃金格差は、トヨタの労働組合が賃金格差を生む評価や賃金制度の設計に関わり続けてきたこと、すなわち労使協同の産物である。また、多くの非正規労働者が誕生したのは、グローバル化した経営環境のもと、競争力の強化と銘打ってコストダウンを推し進めた結果だが、彼らの厳しい労働状況の改善は現行の労働組合制度では限界がある。こうした現状を踏まえ、浅野は業務分担の適正化や組織再編による負荷の平準化が反映された評価・賃金制度、組合員の心身の健康に配慮した職場環境の整備、企業別組合でなく労働者同士の連帯が少しでも実現するような新しい労働組合の形を提言している。

第2章「赤字業績下におけるトヨタの労使関係」(杉山直)では、2008年9月の「リーマン・ショック」によってトヨタの連結営業損益が赤字に転落した2009年3月期決算から2013年までの労使関係について、分析を試みている。この時期はリーマン・ショックに加えて、急激な円高、2010年のリコール問題、2011年の東日本大震災、タイの大洪水など困難な局面に次々に直面した時期で、労使関係においても賃金や労働時間をめぐる合意形成に向けた調整がたびたび困難な状況に置かれた。しかし、労働組合と企業はそれでも労使協調路線を崩さなかった。杉山によると、トヨタが選択する経営戦略のもとで形成される雇用関係および労使関係は、時代の変遷や経営環境の変化に合わせて常に変革が試みられており、そこに多様性を見ることができる。しかし、生産・企業モデルの選択次第で、労働者は不安定な立場に置かれることもありうるし、協調路線を取ってきた労使関係も変わりうると捉える必要があるという。

第3章「グローバル時代におけるトヨタの関連下請企業の雇用管理— 9社の事例を中心に—」(宋艶苓)では、経済のグローバル化の中で、激しい国際競争にさらされているトヨタの雇用管理に焦点を当てて分析している。急速な海外進出の結果、トヨタの国内下請企業に対する発注額が減少している。こうした実態が中小企業の雇用管理にどのような影響を与えているのかを明らかにするため、宋は愛知県下のトヨタ関連下請企業9社を対象にヒアリング調査を行っている。宋によると、リーマン・ショック以降、トヨタが国内の生産規模縮小と、海外での投資および生産の拡大を急速に進める中、国内の中小トヨタ関連下請企業に対しては海外進出への意見の違いだけで取引の見直しや停止を迫るなどのケースも見られるという。このほかにも宋は、トヨタの急速な業績回復の背後で、下請企業が雇用と経営戦略の両面で厳しい対応を迫られている現状を明らかにしている。

第4章「日本的経営と企業の社会的責任―トヨタ研究と関わって―」（櫻井善行）は、日本的経営と企業、企業の社会的責任、企業不祥事・企業責任とコンプライアンス、企業の社会貢献活動について、トヨタの経営との関係から整理・分析している。右肩上がりの経済成長に支えられて発展してきた日本的経営は、90年代以降、不況の影響と経済のグローバル化を背景に見直しを迫られる。櫻井は、経営環境および社会ニーズの変化への対応という観点からトヨタの諸施策を考察し、それらの規模・水準・社会全体への影響力などを評価している。それはトヨタが日本の企業集団の中でも、時勢にうまく適応しながら独自のシステムを維持してきたということでもある。

第5章「トヨタシステムと労働運動」（猿田正機）は、トヨタや関連企業の労働運動や労働争議について実例を挙げ、その問題点を指摘している。猿田によると、バブル経済崩壊以降、非正規労働者の増加や低賃金での外国人技能実習生の利用など、愛知県の労働市場は一気に悪化した。そして、トヨタ関連争議の実例を挙げながら、その特徴として、連合や全労連といった既存の企業労組は積極的には支援せず、そのため解雇された労働者らは中小の労働組合やユニオンをつくって争っていると指摘する。そして、グローバル化や円高・円安など経営環境のめまぐるしい変化の中、企業経営にも重圧が掛かっており、海外進出を図る企業や、重圧に耐えきれずに廃業する企業もある現状を踏まえ、労働運動が力をつけていくためには、さまざま労働組合組織の助け合いと連携が必要であると強く主張している。

以上、いずれの論考もトヨタの賃金、雇用、労働時間や社会的責任などに関する実態を、詳細かつ丁寧に掘り起こしている。読者はこれらの論考から、日本の自動車産業の労務管理および労使関係の一端を理解することができるであろう。ところで、これまでのトヨタ研究の中には、トヨタの社内における労務管理の厳しさや、関連下請企業への価格交渉や納期調整における強い圧力を指摘するもの、すなわちトヨタの繁栄は非正規労働者や関連下請企業の「犠牲」の上に成り立っていることを主張するものが少なくない。本書におけるいくつかの論考も、こうした研究の中に位置づけることができる。

しかし、同じくトヨタ研究に携わる者として、トヨタの経営層から関連下請企業の現場の従業員にいたる、さまざまなトヨタ関係者へのヒアリング調査を続けている者として、評者が常々感じているのは、トヨタのようなグローバル企業、そしてそれが形成する企業集団は、賃金、雇用、労働時間のどれ一つとっても、実に多くの側面を有しており、一つの観点からすべてを理解し、論じることはできないということである。

企業の経営環境は、世界情勢および関連下請企業との関係といったいわば外部環境と、従業員の待遇および労働環境をはじめとする内部環境に分けることができる。企業は外部環境と内部環境の変化に敏感に対応しながら、激しい競争を生き抜いている。本書でも指摘されているように、トヨタはこれまで経営環境の急速な変化にうまく適応してきた。リーマン・ショック以降の「奇跡」とも評される業績回復も、そのあらわれと考えてよい。

本書の論考の多くはこうしたトヨタの動きの背後にある、いわば陰ともいえる部分に焦点を当てて考察を進めている一面があるが、それは一方で、外部環境への適応に対する注目がやや強いのではないかといった印象となる。近年のトヨタは外部環境の変化に適応しつつ、同時に内部環境の改善へ向けた動きも顕著であることを指摘しておきたい。例えば、好調な業績を受け、2015年春闘での賃金のベースアップは過去最高水準となった。非正規雇用の期間従業員の日給もわずかではあるが増加し、時給で働くパート従業員についても正社員に準じた形で賃金改善を約束した。春闘相場に強い影響力を持ち、全トヨタ労働組合連合会の製造系組合の中心となるトヨタのこうした行動により、大手・中小を含む幅広い企業に賃上げの動きが波及している。

賃金面に限らず、トヨタは労働評価の部分も注目を集めている。工場で働く社員の働きぶりを毎月評価し、翌月の給与に反映させる仕組みの検討もはじまっている。強い生産現場の源となる人づくりを持続させるための工夫である。生産現場で働く社員の賃金体系を見直したり、査定額を増やしてやる気を引き出したり、若手には子育て中の手当を厚くし、仕事に集中しやすい環境を整えようとしている。背景には少子高齢化への危機感があり、ものづくりの強さを将来にわたって保つ狙いもある。さらに、中学卒業後、トヨタ技能者養成所（現、トヨタ工業学園）を経て、本社工場勤務を続けてきた生産現場叩き上げの技能職出身者を専務役員に初めて登用したことでも話題となった。こうした人物の役員登用により、トヨタは生産現場の人材育成にも力を入れる姿勢を示した。

とはいえ、トヨタは依然として多くの問題に直面しており、本書が特にトヨタの労働をめぐる問題点を検討する上で非常に有益な研究となっていることは確かである。企業は一種の「生き物」であり、それ自体が多様性を持ちながらつねに変化していることに留意して本書を読み進めていくならば、読者はトヨタを事例に自動車産業の労務管理および労使関係の再検討、現代的な継承と刷新という課題について思索を深められるであろう。

日本労働社会学会会則

(1988年10月10日　制定)
(1989年10月23日　改訂)
(1991年11月 5 日　改正)
(1997年10月26日　改正)
(1998年11月 2 日　改正)

[名　　称]

第 1 条　本会は、日本労働社会学会と称する。

2　本会の英語名は、The Japanese Association of Labor Sociology とする。

[目　　的]

第 2 条　本会は、産業・労働問題の社会学的研究を行なうとともに、これらの分野の研究に携わる研究者による研究成果の発表と相互交流を行なうことを通じて、産業・労働問題に関する社会学的研究の発達・普及を図ることを目的とする。

[事　　業]

第 3 条　本会は次の事業を行う。

(1)　毎年1回、大会を開催し、研究の発表および討議を行なう。

(2)　研究会および見学会の開催。

(3)　会員の研究成果の報告および刊行(年報、その他の刊行物の発行)。

(4)　内外の学会、研究会への参加。

(5)　その他、本会の目的を達成するために適当と認められる事業。

[会　　員]

第 4 条　本会は、産業・労働問題の調査・研究を行なう研究者であって、本会の趣旨に賛同するものをもって組織する。

第 5 条　本会に入会しようとするものは、会員1名の紹介を付して幹事会に申し出て、その承認を受けなければならない。

第 6 条　会員は毎年(新入会員は入会の時)所定の会費を納めなければならない。

2　会費の金額は総会に諮り、別途定める。

3　継続して3年以上会費を滞納した会員は、原則として会員の資格を失うものとする。

第７条　会員は、本会が実施する事業に参加し、機関誌、その他の刊行物の実費配布を受けることができる。

第８条　本会を退会しようとする会員は書面をもって、その旨を幹事会に申し出なければならない。

［役　　員］

第９条　本会に、つぎの役員をおく。

⑴　代表幹事　１名

⑵　幹　　事　若干名

⑶　監　　事　2名

役員の任期は２年とする。ただし連続して2期4年を超えることはできない。

第10条　代表幹事は、幹事会において幹事の中から選任され、本会を代表し会務を処理する。

第11条　幹事は、会員の中から選任され、幹事会を構成して会務を処理する。

第12条　監事は、会員の中から選任され、本会の会計を監査し、総会に報告する。

第13条　役員の選任手続きは別に定める。

［総　　会］

第14条　本会は、毎年1回、会員総会を開くものとする。

２　幹事会が必要と認めるとき、又は会員の3分の1以上の請求があるときは臨時総会を開くことができる。

第15条　総会は本会の最高意思決定機関として、役員の選出、事業および会務についての意見の提出、予算および決算の審議にあたる。

２　総会における議長は、その都度、会員の中から選任する。

３　総会の議決は、第20条に定める場合を除き、出席会員の過半数による。

第16条　幹事会は、総会の議事、会場および日時を定めて、予めこれを会員に通知する。

２　幹事会は、総会において会務について報告する。

［会　　計］

第17条　本会の運営費用は、会員からの会費、寄付金およびその他の収入による。

第18条　本会の会計期間は、毎年10月1日より翌年9月30日までとする。

[地方部会ならびに分科会]

第19条　本会の活動の一環として、地方部会ならびに分科会を設けることができる。

[会則の変更]

第20条　この会則の変更には、幹事の2分の1以上、または会員の3分の1以上の提案により、総会の出席会員の3分の2以上の賛成を得なければならない。

[付　　則]

第21条　本会の事務執行に必要な細則は幹事会がこれを定める。

2　本会の事務局は、当分の間、代表幹事の所属する機関に置く。

第22条　この会則は1988年10月10日から施行する。

編集委員会規程

（1988年10月10日　制定）
（1992年11月 3 日　改訂）

1. 日本労働社会学会は、機関誌『日本労働社会学会年報』を発行するために、編集委員会を置く。
2. 編集委員会は、編集委員長1名および編集委員若干名で構成する。
3. 編集委員長は、幹事会において互選する。編集委員は、幹事会の推薦にもとづき、代表幹事が委嘱する。
4. 編集委員長および編集委員の任期は、幹事の任期と同じく2年とし、重任を妨げない。
5. 編集委員長は、編集委員会を主宰し、機関誌編集を統括する。編集委員は、機関誌編集を担当する。
6. 編集委員会は、会員の投稿原稿の審査のため、専門委員若干名を置く。
7. 専門委員は、編集委員会の推薦にもとづき、代表幹事が委嘱する。
8. 専門委員の任期は、2年とし、重任を妨げない。なお、代表幹事は、編集委員会の推薦にもとづき、特定の原稿のみを審査する専門委員を臨時に委嘱することができる。
9. 専門委員は、編集委員会の依頼により、投稿原稿を審査し、その結果を編集委員会に文書で報告する。
10. 編集委員会は、専門委員の審査報告にもとづいて、投稿原稿の採否、修正指示等の措置を決定する。

付則1. この規定は、1992年11月3日より施行する。

2. この規定の改廃は、編集委員会および幹事会の議を経て、日本労働社会学会総会の承認を得るものとする。

3. この規定の施行細則（編集規定）および投稿規定は、編集委員会が別に定め、幹事会の承認を得るものとする。

編集規程

（1988年10月10日　制定）
（1992年10月17日　改訂）
（幹事会承認）

1. 『日本労働社会学会年報』（以下本誌）は、日本労働社会学会の機関誌であって、年1回発行する。
2. 本誌は、原則として、本会会員の労働社会学関係の研究成果の発表に充てる。
3. 本誌は、論文、研究ノート、書評、海外動向等で構成し、会員の文献集録欄を随時設ける。
4. 本誌の掲載原稿は、会員の投稿原稿と編集委員会の依頼原稿とから成る。

年報投稿規程

（1988年10月10日　制定）
（1992年10月17日　改訂）
（2002年 9月28日　改訂）
（2011年12月15日　改訂）
（2014年 7月 5日　改訂）
（幹事会承認）

［投稿資格および著作権の帰属］

1. 本誌（日本労働社会学会年報）への投稿資格は、本会員とする。なお、投稿論文が共著論文の場合、執筆者のうち筆頭著者を含む半数以上が本会会員であることを要する。
2. 本誌に発表された論文等の著作権は日本労働社会学会に帰属する。ただし、著作者自身による複製、公衆送信については、申し出がなくてもこれを許諾する。

［投稿原稿］

3. 本誌への投稿は論文、研究ノート、その他とする。
4. 投稿する論文は未発表のものに限る。他誌への重複投稿は認めない。既発表の有無・重複投稿の判断等は、編集委員会に帰属する。ただし、学会・研究会等で発表したものについては、この限りではない。

[執筆要項]

5. 投稿は、パソコン類による横書きとする。

6. 論文及び研究ノートの分量は24,000字以内(図表込:図表は1つにつき400字換算)とする。また、書評は4,000字程度とする。

7. 原稿は下記の順序に従って記述する。

題目、英文題目、執筆者名、執筆者ローマ字、本文、注、文献、字数。

8. 本文の章・節の見出しは、次の通りとする。

1.2.3…、(1)(2)(3)…、1)2)3)…

9. 本文への補注は、本文の箇所の右肩に(1)、(2)、(3)の記号をつけ、論文末の文献リストの前に一括して掲載する。

10. 引用文献注は下記のように掲載する。

引用文献注は本文の該当箇所に( )を付して、(著者名、西暦発行年、引用ページ)を示す。引用文献は論文末の補注の後に、著者のアルファベット順に著者名・刊行西暦年、書名(または論文名、掲載誌名、巻号)、出版社の順に一括して掲載する。また、同一の著者の同一年度に発行の著者または論文がある場合には、発行順にa, b, c,…を付する。

11. 図、表、写真は別紙とし、次のように作成する。

(1) 本文に該当する箇所の欄外に挿入箇所を朱書きして指定する。

(2) 図・表の文字の大きさは、別紙で定める図表基準に従うこと。

(3) 図・表の番号は、図-1、表-1のように示し、図・表のそれぞれについて通し番号をつけ、表にはタイトルを上に、図にはタイトルを下につける。

(4) 図・表・写真等を他の著作物から引用する場合は、出典を必ず明記し、必要に応じて原著者または著作権保持者から使用許可を得ること。

[申込みと提出]

12. 投稿希望者は、以下の項目をA4サイズの用紙1枚に記入し編集委員会宛に申し込む。書式は自由とする。

(1)氏名、(2)郵便番号と住所、電話番号、e-mail アドレス、(3)所属機関・職名、同電話番号、(4)論文、研究ノートなどの区分、(5)論文の題目、(6)論文の概略、(7) 使用ソフトの名称及びバージョン。

13. 当初の投稿は原稿とコピー計3部（うちコピー2部は氏名を伏せること）を送付する。また、編集委員会が指定するアドレスに原稿を添付ファイルで送信する。

[原稿の採否]

14. 投稿論文は複数の審査員の審査結果により、編集委員会が掲載の可否を決定する。

15. 最終段階で完成原稿とコピー計2部を編集委員会に送付する。また、編集委員会が指定するアドレスに原稿を添付ファイルで送信する。

[図表基準]

16. 図表は次の基準により作成するものとする。

(1) 図表のサイズは年報の1頁以内に収まる分量とする。

(2) 図表作成の詳細については、原稿提出後に出版社との調整があるので、その指示に従い投稿者の責任において修正することとする。

[付記]

1. 本規程の改訂は、幹事会の承認を得なければならない。
2. 本規程は、2014年7月5日より実施する。

日本労働社会学会幹事名簿（第27期）

幹　事

山田　信行	（駒澤大学）	代表幹事
松尾　孝一	（青山学院大学）	事務局長
勝俣　達也	（専修大学）	会　　計
今井　　順	（北海道大学）	
大西　祥惠	（国学院大学）	
小川　慎一	（横浜国立大学）	
小谷　　幸	（日本大学）	
笹原　　恵	（静岡大学）	
園田　洋一	（東北福祉大学）	
高橋　康二	（労働政策研究・研修機構）	
戸室　健作	（山形大学）	
西野　史子	（一橋大学）	
橋本　健二	（早稲田大学）	
長谷川美貴	（常磐大学）	
樋口　博美	（専修大学）	
松戸　武彦	（南山大学）	
村尾祐美子	（東洋大学）	
吉田　　誠	（立命館大学）	
渡辺めぐみ	（龍谷大学）	

監　事

木本喜美子	（一橋大学）
兵頭　淳史	（専修大学）

年報編集委員会

大西　祥惠	編集長
笹原　　恵	編集委員
渡辺めぐみ	編集委員
園田　洋一	編集委員

編集後記

今号の発刊にあたっては、刊行が年を越してしまいました点について、まずは会員のみなさまに心よりお詫び申しあげます。刊行が遅れてしまった事情はいくつかありますが、そのなかでももっとも大きな要因といえるのは、今号の投稿原稿の募集を行った際、当初応募が一本もなく、再度の投稿原稿の募集を実施するに至ったことだと思われます。

その後は、再募集を経て5本の投稿がありました。その5本のうち、3本が再査読に進みました。結果的に今号には研究ノート1本の掲載となりましたが、査読の過程のなかでそれぞれの論稿はより一層精度の高いものになっていったと思います。

今回、初めて編集長として年報の編集にあたらせていただきましたが、特集論文(特集：若者の就労と労働社会の行方)、投稿原稿、書評のご執筆者のみなさまをはじめ、査読でお世話になったみなさまや編集委員のみなさまのご尽力、ご協力なしには年報は成り立たないことを改めて実感した次第です。みなさまには深く御礼申しあげます。

また、投稿規定について一言申しあげておきますと、著作権の帰属に関する新しい規定を盛り込み、今号より改訂された投稿規定が掲載されています。会員のみなさまにはご一読いただき、ぜひ今後年報への投稿をお寄せいただければと思っています。

今号編集中の2015年11月に厚生労働省より、日本社会におけるパートや派遣など「非正規社員」にあたる者の割合が約40%に達しているとの発表がなされました。日本社会の急激な変化のなかで本学会における研究が果たす役割は大きいものと思われます。

(年報編集委員長　大西祥恵)

ISSN　0919-7990

日本労働社会学会年報 第26号

若者の就労と労働社会の行方

2016年1月20日　発行

□編　集　日本労働社会学会編集委員会
□発行者　日本労働社会学会
□発売元　株式会社 東信堂

日本労働社会学会事務局
〒150-8366　東京都渋谷区渋谷4-4-25
青山学院大学経済学部　松尾孝一研究室気付
TEL　03-3409-8111 (内線12601)
E-mail　matsuo@econ.aoyama.ac.jp
学会 HP　http://www.jals.jp

株式会社 東信堂
〒113-0023　文京区向丘1-20-6
TEL　03-3818-5521
FAX　03-3818-5514
E-mail　tk203444@fsinet.or.jp
東信堂 HP　http://www.toshindo-pub.com

ISBN978-4-7989-1330-8　C3036

「日本労働社会学会年報」バックナンバー（19号以降）

若年者雇用―マッチング・メカニズムの再検討
―日本労働社会学会年報⑲―
日本労働社会学会編
〔執筆者〕浅川和幸・堀有喜衣・後藤龍一・小村由香・中嶌剛・三橋弘次
Ａ５／144頁／1800円　978-4-88713-930-5　C3036〔2009〕

労働者像のこの10年―市場志向と社会志向の相克のなかで
―日本労働社会学会年報⑳―
日本労働社会学会編
〔執筆者〕小川慎一・神谷拓平・鈴木玲・村尾祐美子・M.ブラウォイ・京谷栄二・富沢賢治・木本喜美子・遠藤公嗣ほか
Ａ５／184頁／2100円　978-4-88713-956-5　C3036〔2009〕

介護労働の多面的理解
―日本労働社会学会年報㉑―
日本労働社会学会編
〔執筆者〕伊藤周平・水野博達・阿部真大・牟智煥・松本理恵・中嶌剛・上原慎一・嵯峨一郎
Ａ５／144頁／1800円　978-4-7989-0030-8　C3036〔2010〕

新しい公共における労働とサービス
―日本労働社会学会年報㉒―
日本労働社会学会編
〔執筆者〕松尾孝一・櫻井純理・萩原久美子・井草剛・濱田英次ほか
Ａ５／168頁／2000円　978-4-7989-0099-5　C3036〔2011〕

労働規制緩和の転換と非正規労働
―日本労働社会学会年報㉓―
日本労働社会学会編
〔執筆者〕白井邦彦・田中裕美子・宮本みち子・李旼珍・飯島裕子ほか
Ａ５／208頁／2500円　978-4-7989-0157-2　C3036〔2012〕

「格差社会」のなかの労働運動
―日本労働社会学会年報㉔―
日本労働社会学会編
〔執筆者〕鈴木玲・呉学殊・田中慶子ほか
Ａ５／136頁／1800円　978-4-7989-1209-7　C3036〔2013〕

サービス労働の分析
―日本労働社会学会年報㉕―
日本労働社会学会編
〔執筆者〕山根純佳・小村由香・木暮弘・鈴木和雄・中根多惠・筒井美紀・鈴木力ほか
Ａ５／232頁／2500円　978-4-7989-1276-9　C3036〔2014〕

※　ご購入ご希望の方は、学会事務局または発売元・東信堂へご照会下さい。
※　本体（税別）価格にて表示しております。